TUS 4
EMOCIONES

Amat Editorial, sello editorial especializado en la publicación de temas que ayudan a que tu vida sea cada día mejor. Con más de 400 títulos en catálogo, ofrece respuestas y soluciones en las temáticas:

- Educación y familia.
- Alimentación y nutrición.
- Salud y bienestar.
- Desarrollo y superación personal.
- Amor y pareja.
- Deporte, fitness y tiempo libre.
- Mente, cuerpo y espíritu.

E-books:
Todos los títulos disponibles en formato digital están en todas las plataformas del mundo de distribución de e-books.

Manténgase informado:
Únase al grupo de personas interesadas en recibir, de forma totalmente gratuita, información periódica, newsletters de nuestras publicaciones y novedades a través del QR:

Dónde seguirnos:

 | @amateditorial

   | Amat Editorial

Nuestro servicio de atención al cliente:
Teléfono: **+34 934 109 793**

E-mail: **info@profiteditorial.com**

ROSALÍA PÉREZ
TUS 4 EMOCIONES

Para ser feliz es fundamental aprender a gestionar el MIEDO, la RABIA, la TRISTEZA y la ALEGRÍA

Amat
~XS~

© Rosalía Pérez, 2017

© Profit Editorial I., S.L., 2017
Amat Editorial es un sello de Profit Editorial I., S.L.
Travessera de Gràcia, 18; 6º 2ª; Barcelona-08021

Diseño cubierta: XicArt

Maquetación: Eximpre SL

ISBN: 978-84-10451-50-6

Depósito legal: B 22605-2025

Impreso por: Gráficas Rey

Impreso en España / Printed in Spain

A mis padres:
Gracias, mamá, por tu maravilloso «abrazo con timo».
Gracias, papá, por tus intentos de abrazar.

A Gonzalo y el «abrazo inducido».
Gracias a ti transité intensamente muchas emociones
y aprendí grandes lecciones.

A todo ese coro fantástico de expertas en vivir y
abrazar las emociones: Nati, Aranchi, María, Oneida,
Yael, Diamantina, Patri, Rosa, Amaya, Magda...
Y al gran tenor, Luis. Gracias por estar siempre cerca.

A Kitsukuroi, en cuya espera escribí
muchas de estas páginas.
Gracias a ti y a tus ojos.

Índice

Preliminar

Una de las cosas más fantásticas de este mundo son los abrazos. Los abrazos consiguen unir a dos personas, pueden ser símbolo de perdón, logran calmar lágrimas y sufrimientos y sin duda hacen desaparecer la soledad. Hay abrazos de bienvenida, como con el que se acogía al recién armado caballero; abrazos de reconciliación, como el que se dieron los generales O'Higgins y San Martín en Maipú o aquellos que sellaron espontáneamente miles de berlineses la madrugada del 10 de noviembre de 1989, simbolizando un nuevo comienzo. Hay abrazos apasionados como aquel que llena de flores Klimt en su obra «El beso» y abrazos largamente esperados como el que protagonizan padre e hijo en el famoso cuadro de Rembrandt. Los abrazos, en definitiva, son hogar.

Con todos estos significados quiero abrazar todas y cada una de las emociones. Quiero reconciliarme con aquellas a las que he querido acallar, a las que no di voz ni voto, a las que no entendí y a aquellas cuya presencia sentía incómoda y inoportuna. Quiero darles la bienvenida a todas sin distinción, ya sean alegres o tristes, oscuras o luminosas, pues, como dice Rumi, todas nos son enviadas como guías del más allá.

> El ser humano es una casa de huéspedes.
> Cada mañana un nuevo recién llegado.
> Una alegría, una tristeza, una maldad
> Cierta conciencia momentánea llega
> Como un visitante inesperado.
> ¡Dales la bienvenida y recíbelos a todos!
> Incluso si fueran una muchedumbre de lamentos,
> Que vacían tu casa con violencia
> Aún así, trata a cada huésped con honor
> Puede estar creándote el espacio
> Para un nuevo deleite
> Al pensamiento oscuro, a la vergüenza, a la malicia,
> Recíbelos en la puerta riendo
> E invítalos a entrar
> Sé agradecido con quien quiera que venga
> Porque cada uno ha sido enviado
> Como un guía del más allá.

JALĀL AD-DĪN RŪMĪ

Introducción

Las emociones

Las emociones son grandes regalos, que, ante todo, nos hacen tener plena consciencia de estar vivos. En la etimología de la palabra «emoción» se encuentra el verbo «mover», puesto que en el fondo las emociones son movimientos que nos llevan a expandirnos o a replegarnos. Toda la naturaleza forma parte de este doble movimiento, desde las olas del mar hasta la propia respiración, pero quizá el ejemplo más concreto que tenemos es el de nuestro corazón, gracias a cuya contracción y expansión se consigue regar sangre por todo el cuerpo. De la misma manera hay algunas emociones, como la ira o la alegría, cuyo movimiento nos impulsan hacia afuera, mientras que otras, como la tristeza o el miedo, nos retiran hacia adentro. Todas las emociones son pues necesarias y a través de estos movimientos contractivos y expansivos vamos alimentando nuestro cuerpo emocional. Necesarias y dadoras de vida, como los latidos del corazón, así son nuestras emociones.

Las emociones son también regalos porque en el fondo encierran grandes oportunidades para crecer. Si las sabemos escuchar bien, nos dan mucha información sobre lo que es relevante para nosotros en un momento concreto, nos hablan de lo que nos está ocurriendo y nos instan a movilizar esa energía que ha sido creada. No hay por tanto emociones buenas o malas, a pesar de que la sociedad se haya empeñado en estigmatizar algunas de ellas.

Y el rechazo que se ejerce ante algunas emociones puede ser realmente demoledor. Por ejemplo, alguien que esté pasando por un periodo de tristeza se convierte básicamente en un «aguafiestas» y persona non grata para cualquier velada con amigos, encuentro familiar o reunión de trabajo. Incluso se supone que debemos mostrar entereza ante la pérdida de un ser querido. De ahí que, por ejemplo, muchas viudas tengan que acudir a la medicación para mostrarse serenas y fuertes en el entierro de su marido. Un poco de lágrimas son aceptadas, pero gritos o llantos descontrolados ya estarían fuera de lugar y mucha gente se sentiría incómoda. ¿Y qué decir del miedo en una sociedad donde el arrojo y la valentía es lo que se aplaude? Los miedos son entonces ocultados en lo más profundo de nuestro ser, encerrados con cadenas y doble llave, para que no se les ocurra salir en el momento más inoportuno y puedan ser tachados de debilidad. En vez de afrontar los miedos cara a cara, se pretende ignorarlos, no darles nombre, creer olvidarlos. Solo la alegría es acogida en principio sin problemas. Pero incluso aquí habría algo de cautela y se vuelve mejor una sonrisa que una carcajada o hablar de felicidad y gozo que de éxtasis y euforia.

Esta estigmatización brutal a la que están sometidas las emociones ha obligado a muchas personas a tener que ocultarlas e incluso reprimirlas. Sin embargo, esconder día a día lo que nos sucede en nuestro campo emocional puede tener consecuencias devastadoras no solo para nuestra salud emocional, sino también para nuestra salud física. Una gran cantidad de enfermedades del ser humano tienen precisamente origen en la represión de las emociones. Por ejemplo, cuando la rabia se vuelve odio, resentimiento o profunda irritabilidad es común que aparezcan problemas de digestión y en el hígado ,mientras que el miedo convertido en pánico puede afectar al riñón o a las glándulas suprarrenales.

Aceptar las emociones es movilizarlas y dejarlas fluir. Al no quedarse estancadas, estas emociones pueden transformarse. Procesar y expresar las emociones se vuelve pues algo de suma importancia. Se trata de acogerlas tanto si se trata de emociones alegres como de aquellas dolorosas o neutrales. Es entender que, como todo en la vida, las emociones van y vienen, tienen un principio y un fin, llegan y se van. La obsesión que tenemos muchas veces por evaluar exigentemente todo lo que nos sucede se aplica también a nuestros estados emocionales. Nos esforzamos por cambiarlos a toda costa sin escuchar lo que nos están queriendo decir y nos sentimos culpables o insatisfechos si no logramos hacer ese cambio con la mayor rapidez posible. En vez de exigirnos la perfección física y emocional tenemos que aprender a autoaceptarnos, con nuestras arrugas, con nuestros dolores de rodilla o manchas en la piel, con nuestras tristezas y nuestros miedos. Aceptarnos con compasión: «Así me siento y me veo hoy y soy perfecta/o en mi imperfección».

El objetivo de este libro es servir de guía para entender las emociones básicas y saber utilizarlas en la vida personal. Aprender a recibir las emociones como si fueran, como decía Rumi, huéspedes que se alojan en nuestra casa interior. Acoger su visita con regocijo, sabiendo que cada uno trae una bendición.

Pasos para gestionar las emociones

Podemos hablar de tres etapas fundamentales a la hora de gestionar las emociones. El primer paso del camino es saber reconocer la emoción, algo que, como veremos, no es siempre tan fácil como parece. El siguiente paso es expresar la emoción, y para ello el libro cuenta con distintas técnicas para la exploración de emociones como lecturas, ejercicios físicos, actividades artísticas, entre otras. Por último entramos en la etapa del aprendizaje.

1. Reconocer la emoción

El primer paso para gestionar las emociones es reconocer la emoción. Las emociones no son siempre evidentes y por ello es importante estar muy atentos y aprender a escuchar cómo la emoción se expresa en los distintos planos: en el físico, en el emocional e incluso en el cognitivo. Las tres preguntas que nos tenemos que hacer es qué sensaciones me produce la emoción (nivel físico); qué emociones me produce (nivel emocional) y

qué me digo al sentir lo que siento (nivel cognitivo).
Veamos algunos ejemplos.

Nivel físico	¿Qué sensaciones me produce? • *Estoy agitado y la respiración se me acelera.* • *Me encuentro sin fuerzas y se me humedecen los ojos.*
Nivel emocional	¿Qué emociones me produce? • *Tengo sensación de vacío y desasosiego.* • *Siento angustia y todo parece peligroso.*
Nivel cognitivo	¿Qué me digo al sentir lo que siento? • *«Estoy abierto a la vida. Nada se me puede resistir».* • *«Que pare el mundo que yo me bajo».*

Hay muchos tipos de emociones: la sorpresa, el tedio, la venganza, el desprecio, la nostalgia, los celos, la desesperación, el alivio... La lista es interminables pero aquí nos vamos a centrar en las cuatro emociones básicas[1]: la alegría, que nos da una sensación de goce y plenitud; la tristeza, que nos da una sensación de decaimiento, desgana y vacío; la rabia, que nos da una sensación de frustración por algo que percibimos que es una ofensa o un obstáculo, y el miedo, que nos da una sensación de angustia ante un peligro, ya sea real o imaginario.

El primer paso es reconocer la emoción y observarla. A veces nos cuesta reconocer las emociones en nosotros mismos pero nos resulta fácil descubrirlas en el otro. Si

---

1. Muchos psicólogos, como Daniel Goleman, hablan de 6 emociones básicas: felicidad, tristeza, enfado, sorpresa, miedo y disgusto (asco). Sin embargo, investigadores de la Universidad de Glasgow dicen que solo 4 pueden ser expresadas en la cara: tristeza, alegría, miedo y enfado.

siento que todas las personas con las que me encuentro en el día están enfadadas, el conductor del autobús habla de mala manera, los demás pasajeros no hacen más que gritar al punto de la mañana, la gente en la calle es poco considerada, la panadera despacha a sus clientes sin sonreír, en casa solo se escuchan portazos y chillidos... debería preguntarme si es que acaso soy yo la persona que está llena de rabia y la esté proyectando fuera. La proyección es un mecanismo por el cual atribuimos a un objeto externo, algo o alguien, emociones y pensamientos que no terminan de aceptarse como propios porque generan cierta angustia. Así que es probable que si me descubro constantemente criticando una misma actitud esté censurando esa misma emoción en mi. Aquello que no me gusta del otro y censuro debe ponerme en alerta. Es una buena manera de descubrir qué emociones no me dejo reconocer en mi.

Como vimos antes, gran parte de la dificultad en reconocer algunas emociones es precisamente nuestra tendencia a negarlas o reprimirlas. Enjuiciamos las emociones que no nos gustan o que no son aceptadas socialmente. Por seguir con el ejemplo anterior, nadie se quiere reconocer resentido o iracundo. Pero no se trata de no sentir la emoción que ya existe (en este caso, la rabia), sino de saber gestionarla. Si no lo hacemos, si no dejamos que la emoción se exprese y la encerramos en una prisión interior con cadenas y candados para que no salga, se quedará con nosotros y la llevaremos allá donde vayamos. Además, cuando la emoción decida salir, lo hará por la fuerza, destruyendo lo que se le ponga por delante, campo físico incluido.

Reconocer las emociones en mí, ya sea ante el espejo del otro/a o por un análisis atento y consciente a nivel físico, emocional y mental de lo que vivo, es sin duda el paso más importante en el proceso de abrazar las emociones. En el momento en que me digo «vamos a analizar esto que me acontece», ya hice la mitad del trabajo. Ayuda mucho al proceso comenzar con una actitud positiva. Sabemos que la interpretación que cada uno da a lo que vive puede alterar radicalmente la vivencia. Por ello, ser conscientes de que el trabajo con las emociones es una gran oportunidad para el crecimiento personal (y, por ende, el espiritual) hace que todo el proceso pierda su carga de pesadez, agobio o incertidumbre. Al contrario, el trayecto se hace gozoso en sí mismo. No hay prisa por conquistar un equilibrio emocional pleno (algo que acaso nunca conseguiremos), pues el viaje, como canta Cavafis en su poema «Ítaca», va enriqueciéndose a base de aventuras y experiencias. La meta hay que tenerla presente pero en última instancia no importa:

Cuando emprendas tu viaje a Ítaca
pide que el camino sea largo,
lleno de aventuras, lleno de experiencias.
[...]
Ten siempre a Ítaca en tu mente.
Llegar allí es tu destino.
Mas no apresures nunca el viaje.
Mejor que dure muchos años
y atracar, viejo ya, en la isla,
enriquecido de cuanto ganaste en el camino
sin aguantar a que Ítaca te enriquezca.

Ítaca te brindó tan hermoso viaje.
Sin ella no habrías emprendido el camino.
Pero no tiene ya nada que darte.

Aunque la halles pobre, Ítaca no te ha engañado.
Así, sabio como te has vuelto, con tanta experiencia,
entenderás ya qué significan las Ítacas.

Para reflexionar

¿Sé reconocer las emociones? ¿Me paro a escuchar cómo la emoción se expresa en el plano físico, en el emocional y en el cognitivo?

¿Expreso todas mis emociones claramente o tiendo a reprimir las que no son aceptadas por los que me rodean?

¿Hay alguna emoción que suele predominar en mí? ¿Hay alguna concreta con la que suelo mirar la vida?

¿Hay alguna emoción que me cuesta aceptar en mí?

¿Qué emociones me molestan de los demás? ¿Cuáles suelo enjuiciar?

2. Explorar la emoción

Una vez reconocida la emoción, el siguiente paso es expresarla. Lo ideal sería expresarlas en la medida en que vienen, sin quedarnos con nada, como hacen los niños más pequeños. Se trata de aceptar las emociones que nos acontecen sin por ello identificarnos con ellas: «Siento rabia» no es lo mismo que «soy una persona iracunda» o «me encuentro triste y apagada/o» no significa «soy depresiva/o». La diferencia entre ambos enunciados es abismal y por ello es necesaria tenerla bien presente para liberarnos del miedo o la culpa que nos generan ciertas emociones.

Expresar en cada momento lo que me pasa tampoco significa tener que contar al otro constantemente lo que siento. Se trata de un trabajo individual que puede de vez en cuando contar con la ayuda de un amigo, persona cercana o terapeuta, pero que en general consiste en una expresión personal donde nos contamos a nosotros mismos lo que estamos sintiendo y cómo podemos transformarlo, ya sea hablándolo, escribiéndolo, pintándolo... Es solo después de hacer este trabajo personal cuando, si es necesario, puedo ir al encuentro del otro/a para informarle de lo que me ocurre y tratar de buscar juntos una solución si es preciso.

En este libro ahondaremos en distintas técnicas para realizar el trabajo personal de expresión de las emociones. Ante todo hay que apuntar que cualquier técnica que ya uses es buena si te sirve para explorar las emociones. Las que vamos a señalar aquí son una forma más de abordarlas que pueden servir a aquellas personas que están recién comenzando a conectar con las emociones pero también para aquellas que quieren explorar nuevas formas de trabajarlas. Las hemos dividido en cinco secciones diferentes.

1) Lecturas

En primer lugar, para cada emoción aparecen lecturas. Son generalmente cuentos que, a través de símbolos y metáforas, dan valiosas informaciones sobre distintos aspectos de las cuatro emociones básicas. El gran poder de transformación personal que tienen los cuentos no solo es válido para niños, sino que también los mayores pueden aprovecharse de los mensajes que los cuentos encierran para despertar, reflexionar y crecer. Es un instrumento placentero y ameno para comunicar importantes enseñanzas.

2) Arte

En segundo lugar hemos acudido al arte como gran vehículo de comunicación y expresión emocional. El arte es, tanto para creadores como para receptores, un valioso instrumento para experimentar de manera inmediata y más allá de las palabras un sin fin de emociones. A través de las formas y los espacios, la arquitectura puede transmitirnos emociones de orden o desorden, equilibrio o caos, exaltación o degradación. El color usado en un cuadro o el ritmo de una canción nos pueden catapultar a emociones tan diversas como la tristeza, el miedo, la alegría o la serenidad. Pero no solo eso: el poder evocador del arte, además de conectarnos con las emociones, nos trae de la memoria recuerdos, nos revive sentimientos, nos proyecta sueños. A veces se trata de recuerdos, sentimientos o sueños personales, basados en realidades circunstanciales y particulares, pero otras son los que arrastra la humanidad entera. En efecto, el arte puede despertar los recuerdos más profundos y sublimes del alma. Lo saben bien los sufíes, quienes buscan con sonido del *ney* revelar al oyente, quien anda sumido en las sombras de la realidad, su origen en la Luz. Son conscientes de que con ese melancólico sonido se despierta en el hombre un fuerte anhelo de hogar.

El arte también ensancha nuestros horizontes de percepción, nos pone en contacto directo con otras realidades, nos llama a la empatía, a sintonizar con el otro y a ver el mundo desde una nueva perspectiva. Pero lo que aquí más nos interesa es que, a través de su lenguaje simbólico, el receptor de una obra de arte atraviesa un camino que va de lo visible a lo invisible, de lo que las cosas cuentan a lo que las cosas evocan, de lo superficial a lo esencial.

3) Cuerpo

Un instrumento que tiende a ser ignorado pero que es de vital importancia en el trabajo de las emociones es el cuerpo. De hecho, es difícil delimitar dónde comienza lo físico y dónde termina lo emocional y lo mental. Antes apuntábamos, por ejemplo, el hecho de que muchas enfermedades tienen un origen mental–emocional. De ahí que se estén desarrollando muchas terapias, como la bioenergética, las flores de Bach o la homeopatía, que operan a un tiempo en el nivel físico, en el emocional y en el psicológico. Por eso en este libro hemos elegido una serie de posturas de yoga llamadas *asanas* que, en íntima conexión con la respiración, actúan simultáneamente en la mente y el cuerpo, desbloqueando tensiones directamente relacionadas con cada una de las emociones. En general, como decíamos antes, si se expresasen las emociones tal y como vienen, en lugar de censurarlas y guardarlas dentro de nosotros, estas no llegarían a bloquear el nivel físico. Pero lo cierto es que esto es muy difícil y frecuentemente van surgiendo pequeñas rigideces y tensiones que nos alertan a tomar consciencia de lo que nos está ocurriendo a nivel emocional, además de ser una llamada de atención para no caer en posibles enfermedades futuras. Los ejercicios que se presentan en el libro buscan conseguir un cuerpo cada vez más armónico, donde los músculos se relajen, las funciones fisiológicas se equilibren y el pecho se expanda, haciendo hincapié en la exploración de cada una de las emociones.

En esta sección también hemos incorporado un *mudra* para cada una de·las emociones. Los *mudras* son gestos realizados con las manos que son considerados sagrados en el marco del hinduismo y el budismo. Los practicantes de Hatha–yoga los han utilizado desde hace siglos para impactar en el plano emocional–mental y hacer fluir las corrientes de energía interna. Y es que debido a las termi-nales nerviosas que se encuentran en los dedos, al unir ciertos dedos se crean beneficiosos circuitos electromag-néticos en el cerebro. A diferencia de las *asanas,* los *mu-dras* son una manera discreta de trabajar físicamente la emoción, ya que se pueden realizar en cualquier lugar sin llamar la atención. Además, tampoco requieren de un cuerpo ágil para su realización, por lo que si tienes dificul-tades para practicar las posturas de yoga puedes dedicar algunos minutos al día a ejercitar estos *mudras* y benefi-ciarte de sus efectos.

4) Afirmaciones

Además del cuerpo, otro instrumento poderoso para tra-tar las emociones es el de la palabra. El uso repetitivo de mantras, versículos y jaculatorias ha sido usado por fieles de distintas religiones para entrar en una especie de tran-ce meditativo, donde la turbulencia emocional pasa a se-gundo plano y se olvida el «hacer» o el «tener» para pasar directamente a vivenciar el «ser». Lo cierto es que se con-sigue entrar en un estado de ondas alfa, que no solo es óptimo para la relajación y la meditación, sino que, al ser puente entre el estado consciente y el inconsciente, es el momento ideal para anclar información y metas en nuestro cerebro. Por ello puede ser una técnica utilísima en el trabajo con las emociones, donde se pueden grabar afirmaciones positivas en el cerebro e incluso llegar a modificar aquellas creencias que nos dañan o que ya sentimos obsoletas.

En cada capítulo del libro aparecen afirmaciones, relacionadas con cada una de las emociones, que puedes usar en cualquier momento. Imagínate, por ejemplo, que empiezas a notar que la emoción del miedo te está invadiendo irremediablemente. No tienes dominio de la situación en sí misma pero sí puedes controlar tus respuestas y repetirte frases como: «Mantengo la calma en esta situación» o «todo va a salir bien». Pero también puedes usarlas cotidianamente mientras estás caminando por la calle, haciendo un trayecto en autobús o esperando una cita, con la intención de que se vayan grabando poco a poco en tu subconsciente y que estos nuevos pensamientos programados creen nuevas realidades futuras. Recuerda que las afirmaciones que aparecen en el libro solo son meras propuestas y no tienen ningún carácter sagrado o mágico. Lo importante es que uses aquellas afirmaciones que sean significativas para ti y que te hagan sentir bien.

5) Actividades

Al final de cada apartado se ofrecen de manera detallada algunas actividades con las que poder trabajar de manera más personal y práctica las cuatro emociones básicas. Varias de ellas utilizan la expresión creativa artística como vía de reflexión, expresión y comunicación. Sin embargo, hay que tener presente que cuando en las actividades se pide pintar, por ejemplo, no se está buscando como resultado un cuadro hermoso. Aquí el arte nunca es el fin sino el medio. Es la manera de darnos un espacio para adentrarnos en nosotros y reflexionar sobre nuestras vivencias más íntimas desde otra mirada diferente. Por eso no deseches estas actividades porque puedas creer que no se te da bien dibujar o nunca aprendiste a usar las acuarelas. Tan solo imagínate que tienes otra vez tres años y te han dado estos materiales para que te entretengas jugando. Nadie te va a poner una nota, nadie va a preguntarte por qué decidiste dibujar esto o lo otro, nadie va a burlarse de ti pero tampoco a aplaudirte. Tan solo te estás enfrentando a un nuevo desafío para explorarte a ti mismo. Es solo un juego. El juego del autoconocimiento.

Por último hay que señalar que no es necesario que hagas todas las prácticas de cada capítulo en el orden que aparecen. Puedes prescindir de las que no te atraigan, repetir muchas veces aquellas que te ayuden, dividir las actividades a lo largo de la semana o del mes para trabajar poco a poco cada emoción o simplemente acudir a ellas como si fuera un libro de consulta, en el momento en que lo necesites. Todo vale. Lo único importante es que dediques espacio y tiempo a conocerte y descubrir los tesoros que estas emociones tienen escondidos para ti.

Para reflexionar

¿Me identifico con alguna de las emociones?

¿Cómo expreso normalmente mis emociones: hablando con un amigo, escribiendo un diario, haciendo alguna actividad…?

¿Cuál es el arte que más me gusta? ¿Suelo acudir a este arte cuando siento alguna de las emociones? ¿Se diferencia el tipo de arte que busco según las emociones que vivo?

¿Escucho las señales que me manda mi cuerpo físico? ¿En qué parte del cuerpo se me suelen acumular las tensiones? ¿Suelo tener dolencias repetitivas?

¿Cómo es mi discurso interior últimamente? ¿Qué palabras o frases suelo repetirme? ¿Son estas frases positivas y de aliento o por el contrario son destructivas y juiciosas?

3. Aprender de la emoción

Tras la exploración de la emoción es momento de descubrir qué lección tenía encubierta la vivencia de la emoción. Solo así, extrayendo un aprendizaje, podemos sentirnos en paz total con la emoción y despedirnos de ella. Se trata de una etapa completamente personal que invita a la autoevaluación y el autoconocimiento. Ya hemos atendido nuestras emociones, hemos movilizado su energía en el cuerpo, las hemos mirado de frente mediante lecturas, obras de arte y varias actividades. El resultado de todo esto es que las emociones han bajado de intensidad y gracias a ello podemos pasar a la etapa de aprendizaje, a observar objetivamente lo que ha ocurrido y preguntarnos por el origen y la función de la emoción, es decir, el desde cuándo vivo esto, el cómo surgieron, el por qué siguen y el para qué. Es importante tener en cuenta que a veces el rastreo de algunas emociones puede ser complicado y para ello sea recomendable recurrir a profesionales que pueden ayudarnos a transitar estos procesos.

Tres rasgos son fundamentales en esta etapa. En primer lugar hay que convertirse en un observador neutral para poder atender el análisis con flexibilidad y apertura. Imaginar que eres un espectador que estás viendo una película puede ayudar mucho. En segundo lugar es importante evitar cualquier tipo de crítica o juicio. Al contrario, lo fundamental es aproximarse al análisis de la emoción con una actitud amorosa y comprensiva. Y por último y fruto del aprendizaje de la emoción, es conveniente pensar en nuevas estrategias y formas de manejar la emoción. Y es que a veces es importante crear nuevos hábitos que sustituyan los patrones anteriores de expresión de la emoción.

Para reflexionar

¿Qué me está enseñando esta emoción? ¿Qué me está queriendo decir?

¿Cómo me ayuda?

¿Se trata de una emoción recurrente? ¿Por qué creo que frecuento esta emoción?

¿De dónde viene esta emoción? ¿Está motivada por un acontecimiento actual y concreto o creo que viene de más atrás? ¿Puedo rastrear su origen?

¿Qué actividades me ayudan a gestionar esta emoción? ¿Puedo pensar en un plan concreto que me ayude a movilizar esta energía la próxima vez que aparezca? ¿Puedo crear un nuevo hábito?

1 El miedo

El miedo es una emoción primaria y angustiosa, provocada por la percepción de un peligro ya sea real o producto de la imaginación, tanto presente como futuro. Es la emoción más básica y la primera que sentimos al nacer, cuando, del vientre materno, un lugar seguro y placentero, pasamos a un mundo amenazante y potencialmente peligroso. La principal función del miedo es la protección y por ello, en cuanto sentimos que una situación es amenazante, el cuerpo instintivamente se pone a nuestro servicio para la supervivencia: la frecuencia cardiaca aumenta, la respiración se vuelve jadeo (permitiendo aportar más oxígeno a los músculos para una posible lucha o huida), el vello se eriza (lo que tiene mucha utilidad para los animales, pues el pelo erizado les hace parecer más grandes, atemorizando así a un posible enemigo), las pupilas se dilatan para que entre más luz, se detiene toda función que no sea esencial (como el sistema inmunitario), etc. La función del miedo está diseñada para la supervivencia y aún hoy, que ya no tenemos que protegernos frecuentemente de ataques de bestias salvajes como nuestros ancestros, el miedo pone en alarma todo nuestro cuerpo cuando puede existir un posible peligro.

Sin embargo, estas respuestas físicas también se desencadenan cuando existe un miedo psicológico, es decir, un miedo a un peligro que no es inminente ni concreto. El miedo psicológico ni siquiera se enfrenta a un peligro real porque se sitúa en el campo de lo posible. Tan solo es algo que podría pasar, que nuestra mente sitúa como una realidad del futuro. Si este miedo no se controla y nos dejamos llevar por angustias injustificadas, producto de nuestra alocada capacidad imaginativa, podemos vivir en un constante estado de ansiedad. Esto no solo genera malestar físico, que va desde las taquicardias y las tensiones musculares a ser permeable a un gran número de enfermedades (dado que el sistema inmunitario está al mínimo), sino que puede provocar serios problemas mentales como fobias y trastornos obsesivo-compulsivos. Además, en este permanente estado de alarma nos volvemos muy vulnerables. Es por ello que desde hace siglos este tipo de miedo ha sido aprovechado por algunas personas para ejercer dominio sobre otras, para levantar murallas o para justificar guerras. En estado de alerta, toda la energía que poseemos está destinada a dar una respuesta de protección, y por lo tanto, las posibilidades de crecimiento sean del tipo que sean –físicas, mentales, emocionales, creativas...– son mínimas.

El miedo, hay que repetirlo, cumple una función muy importante y beneficiosa que es la de nuestra protección. El miedo nos repliega hacia adentro (tiene un movimiento centrípeto) para advertirnos y cuestionarnos: ¿Estoy capacitado para afrontar esto? Nos aporta prudencia y pone en alerta para que nos preparemos para afrontar situaciones y personas. Sin embargo, se puede volver contra nosotros cuando nos paraliza, cuando nos aparta de la realidad o cuando nos hace estar en un permanente estado de ansiedad.

Hay muchos tipos de miedo. Algunos son comunes, como el miedo a la enfermedad, al fracaso, al rechazo social, a la pérdida de poder, a la soledad, al cambio, a la escasez, a la vejez... Otros son miedos más particulares, como el miedo a las arañas, a los espacios cerrados o a hablar en público. En general, la mayoría de los miedos que nos paralizan se pueden ir superando con la práctica. Para ello, lo primero que hay que hacer es identificar el miedo, averiguando qué lo hizo aparecer por primera vez. La imaginación tiende a amplificar los miedos, así que es importante tratarlos de la manera más aséptica posible y preguntarse: ¿De dónde viene este miedo?, ¿por qué sigue afectándome? El segundo paso consiste en encarar el miedo poco a poco, de tal manera que vaya paulatinamente perdiendo fuerza. Se dice que el valor no es la ausencia del miedo sino la conquista de este. Y así, día a día y poco a poco podemos ir enfrentando nuestros miedos. Si, por ejemplo, tienes un miedo descontrolado a hablar en público puedes proponerte hablar primero a dos personas, luego a un pequeño grupo más numeroso y, después, cuando cojas confianza, a un público. Hay que recordar siempre que el peor enemigo es la mente, quien gusta de amplificarlo todo, y también que podemos gestionar lo que ocurre ahora pero no algo que acontece en el futuro, por lo que no tiene sentido dejarnos paralizar por este tipo de miedos. Por eso, «hazlo, y si te da miedo, hazlo con miedo».

Para reflexionar

¿Qué es realmente lo que me da miedo? ¿Puedo identificar con claridad el miedo: a la enfermedad, a la soledad, a la vejez, al rechazo social, a la escasez, al cambio…? ¿Es un miedo hacia un peligro real o imaginario?

¿Me dejo llevar por angustias injustificadas? ¿Doy rienda suelta a mi imaginación sabiendo que puede generar ansiedad? ¿Soy consciente de que estas fantasías tienen un impacto en mi realidad a pesar de ser construcciones imaginadas de mi mente?

¿Siento que vivo en un permanente estado de alerta? ¿Tiendo a sobreprotegerme?

¿Cómo siento el miedo? ¿En qué parte del cuerpo lo identifico? ¿El miedo me bloquea, me impulsa a huir o me insta a luchar?

¿De dónde viene este miedo? ¿Por qué sigue afectándome? ¿Creo que descubriendo el origen del miedo podré liberarme de él?

¿Qué me está tratando de decir este miedo? ¿Cómo quiere ayudarme?

¿Cómo puedo hacer frente a este miedo? ¿Qué estrategias concretas y prácticas me pueden ayudar a movilizar esta energía? ¿Cuál puede ser mi plan de acción?

En los materiales que hemos seleccionado vamos a tratar aquellos miedos que todos hemos sentido en algún momento de nuestra vida. Son miedos más abstractos que el ejemplo que poníamos antes de hablar en público y, por tanto, son menos fáciles de afrontar a priori. Nos ayudaremos de cuentos, obras de arte y diversas actividades para poder ir descubriendo desde otros ángulos su origen. Dibujar mandalas, por ejemplo, será una manera de afrontar el miedo a la soledad que surge del ego y no del ser, pues este sabe que todos estamos conectados y no hay desconexión posible. Por otra parte, mantener un diálogo con nuestro niño interior nos ayudará a descubrir qué miedos personales se han quedado fijados en la memoria con más intensidad. Estos miedos muchas veces nos han impedido realizar nuestros sueños. Por miedo a perder el amor de nuestros padres hemos aceptado destinos ajenos, rechazado partes de nuestra personalidad y censurado emociones que todavía están esperando a ser procesadas. Y quizá llegó ya el momento de escucharse en lo más profundo de nuestro ser, de abrazar a ese niño temeroso y llevarle de la mano por el camino de la libertad.

«Dos bebés»

Dos bebés se encuentran en el útero, confinados en las paredes del seno materno, y mantienen una conversación. Para entendernos, a estos gemelos les llamaremos Ego y Espíritu.

Espíritu le dice a Ego:

—Sé que esto va a resultarte difícil de aceptar, pero yo creo de verdad en que hay vida después del nacimiento.

Ego responde:

—No seas ridículo. Mira a tu alrededor. Esto es lo único que hay. ¿Por qué siempre tienes que estar pensando en que hay algo más aparte de esta realidad? Acepta tu destino en la vida. Olvídate de todas esas tonterías de vida después del nacimiento.

Espíritu calla durante un rato, pero su voz interior no le permite permanecer en silencio durante más tiempo.

—Ego, no te enfades, pero tengo algo más que decir. También creo que hay una madre.

—¡Una madre! —exclama Ego con una carcajada—. ¿Cómo puedes ser tan absurdo? Nunca has visto una madre. ¿Por qué no puedes aceptar que esto es lo único que hay? La idea de una madre es descabellada. Aquí no hay nadie más que tú y yo. Esta es tu realidad. Ahora cógete a ese cordón. Vete a tu rincón y deja de ser tan tonto. Créeme, no hay ninguna madre.

Espíritu deja, con renuencia, la conversación, pero la inquietud puede con él al cabo de poco.

—Ego —implora—, por favor, escucha, no rechaces mi idea. De alguna forma, pienso que esas constantes presiones que sentimos los dos, esos movimientos que a veces nos hacen sentir tan incómodos, esa continua recolocación y ese estrechamiento del entorno que parece producirse a medida que crecemos, nos prepara para un lugar de luz deslumbrante, y lo experimentaremos muy pronto.

—Ahora sé que estás completamente loco —replica Ego—. Lo único que has conocido es la oscuridad. Nunca has visto luz. ¿Cómo puedes llegar a tener semejante idea? Esos movimientos y presiones que sientes son tu realidad. Eres un ser individual e independiente. Este es tu viaje. Oscuridad, presiones y una sensación de estrechamiento a tu alrededor constituyen la totalidad de la vida. Tendrás que luchar contra eso mientras vivas. Ahora, aférrate a tu cordón y, por favor, estate quieto.

Espíritu se relaja durante un rato, pero al fin no puede contenerse por más tiempo.

—Ego, tengo una sola cosa más que decir, y luego no volveré a molestarte.

—Adelante —responde Ego, impaciente.

—Creo que todas estas presiones y toda esta incomodidad no solo van a llevarnos a una nueva luz celestial, sino que cuando eso suceda vamos a encontrarnos con la madre cara a cara, y conocer un éxtasis que superará todo lo que hemos experimentado hasta ahora.

—Estás totalmente loco. Ahora sí que estoy convencido.

(Prólogo al libro *Tu yo sagrado*, de WAYNE W. DYER)

La conversación de los dos bebés en el útero materno suena divertida cuando la leemos desde fuera. Sabemos bien que Espíritu no está loco sino que sus intuiciones son muy reales. Sin embargo, en situaciones que vivimos cotidianamente estamos acostumbrados a la voz de Ego, que se aferra a lo tangible y que cuestiona desde la mente cualquier opción que no puede razonar. Ego rechaza las ideas de Espíritu, le ridiculiza, le pide que se atenga a los límites establecidos. Aunque no lo exprese, todos los recelos de Ego vienen del miedo a lo desconocido, lo que le hace aferrarse a la realidad que puede ver, tocar, oler, escuchar y gustar. Por ello se impacienta ante los comentarios de Espíritu, le pide que se esté quieto y que acepte la realidad que le circunda tal cual se ve. «Aférrate a tu cordón», le dice temeroso. ¿Cuántas veces en nuestro vivir diario aparecen este tipo de voces que, por miedo, nos previenen de buscar nuevos rumbos o se burlan cuando tratamos de ir más allá de lo establecido? Las voces están a veces fuera en forma de autoridades, personas que nos rodean o también seres queridos que con sus consejos buscan lo mejor para nosotros pero que, inevitablemente, proyectan sus miedos y temores en ellos. Pero estas voces, como la de Ego, también están dentro de nosotros mismos, apareciendo en forma de límites que pone nuestra mente o de excusas que nos contamos para abandonar nuestros sueños e intuiciones. La voz de Espíritu queda entonces silenciada cuando, a pesar de lo alocadas que puedan parecer sus palabras, es la que vislumbra la realidad. Aprender a confiar en lo desconocido es estar abierto a la creación de nuevas manifestaciones en nuestra vida. Por eso, cuando la mente empiece a gritar aterrorizada ante la incertidumbre, lo mejor es dejar de escucharla y atender a aquella voz que sí sabe, aun sin palabras ni evidencias, lo que está ocurriendo: la de Espíritu.

Para reflexionar

¿Me incomoda la incertidumbre?

¿Cuántas puertas dejo de abrir por miedo?

¿Necesito razonar todo lo que me acontece y lo que ocurre a mi alrededor?

¿Cómo siento los cambios? ¿Me producen una sensación de ansiedad o, por el contrario, me abro ante las múltiples posibilidades de lo desconocido?

¿Suelo escuchar más a mi mente con sus miedos y prejuicios o le presto más atención a mi corazón?

¿Qué discurso tiene la voz de Ego en mi interior? ¿Qué me dice Espíritu en mi interior?

Escucha el viento.... que inspira
Escucha el silencio... que habla
Escucha tu corazón... que sabe

PROVERBIO INDIO

«Sé como un muerto»

Era un venerable maestro. Y en sus ojos había un reconfortante destello de paz permanente. Solo tenía un discípulo, al que paulatinamente iba impartiendo la enseñanza mística. El cielo se había teñido de una hermosa tonalidad de naranja oro, cuando el maestro se dirigió al discípulo y le ordenó:

—Querido mío, mi muy querido, acércate al cementerio y, una vez allí, con toda la fuerza de tus pulmones, comienza a gritar toda clase de halagos a los muertos.

El discípulo caminó hasta un cementerio cercano. El silencio era sobrecogedor. Quebró la apacible atmósfera del lugar gritando toda clase de elogios a los muertos. Después regresó junto a su maestro.

—¿Qué te respondieron los muertos? —preguntó el maestro.

—Nada dijeron.

—En ese caso, mi muy querido amigo, vuelve al cementerio y lanza toda suerte de insultos a los muertos.

El discípulo regresó hasta el silente cementerio. A pleno pulmón, comenzó a soltar toda clase de improperios contra los muertos. Después de unos minutos, volvió junto al maestro, que le preguntó al instante:

—¿Qué te han respondido los muertos?

—De nuevo nada dijeron —repuso el discípulo.

El maestro concluyó:

—Así debes ser tú: indiferente, como un muerto, a los halagos y a los insultos de los otros.

El maestro dice: Quien hoy te halaga, mañana te puede insultar, y quien hoy te insulta, mañana te puede halagar. No seas como una hoja a merced del viento de los halagos e insultos. Permanece en ti mismo más allá de unos y de otros.

(*101 cuentos clásicos de la India*. RAMIRO CALLE)

El miedo al rechazo tiene una razón evolutiva natural, ya que, en el pasado, si una persona era rechazada por su grupo, esta quedaba expuesta a muchos peligros: era una presa fácil y vulnerable para los depredadores, sus oportunidades para conseguir comida estaban muy limitadas y, en definitiva, las posibilidades de sobrevivir eran mucho menores estando aislado que perteneciendo a un grupo. Hoy en día todo esto ha cambiado. Básicamente no existe el peligro permanente de ser devorado pero, además, si un grupo rechaza a un individuo, este tiene muchos otros grupos a los que poder pertenecer. Sin embargo, el miedo al rechazo permanece en los estratos más profundos de nuestra psique y se puede manifestar de muchas maneras: el miedo escénico, el miedo a hablar en público, el miedo al qué dirán, etc. El temor a recibir críticas y a ser descalificado hace que muchas veces no nos atrevamos a mostrar nuestra verdadera identidad, que adaptemos nuestra forma de ser o incluso que desistamos de perseguir nuestros sueños. Desde pequeños aprendimos a evitar repetir situaciones en las que en el pasado nos habían respondido con un desprecio o un rechazo. Nos fuimos adaptando, censurando aquellas partes que eran cuestionadas, a cambio de protección, cercanía y validación. Sin embargo, como dice el maestro de la historia, elogios y críticas son tan volubles como el viento. De nada sirve depender de ellos pues no solo cambian a cada instante, sino que el precio que hay que pagar por ello es muy alto: vendemos nuestra libertad a cambio de aceptación. Por ello, desarrollar indiferencia ante el juicio de los demás como si fuéramos un muerto es una lección difícil pero necesaria. Como lo es el generar una autoestima que nazca desde dentro y no de las opiniones externas. Solo así, las decisiones que tomemos en la vida no nacerán desde el miedo y podremos expresar con libertad y paz nuestro verdadero ser.

Para reflexionar

¿Me afecta mucho lo que otros piensen de mí? ¿Soy muy sensible a los elogios y a las críticas?

¿Me acepto tal y como soy?

¿Cómo viviría si me diera igual la opinión de los demás? ¿Qué cambios haría en mi vida?

¿Qué cosas dejo de hacer por el temor al «¿qué dirán?» ¿Qué cosas hago, en cambio, solo para recibir elogios y no porque nazcan genuinamente de mí?

¿Qué aspectos de mi ser he ido cambiando y adaptando a lo largo de los años para que los demás no me retiraran el cariño y el apoyo?

¿Me siento apegado a algunos halagos en concreto? ¿Qué descalificaciones me duelen especialmente?

No dejes que los elogios de otros te suban a la cabeza, ni dejes que sus críticas te lleguen al corazón.

ANÓNIMO

«El grito»

Título original: «Skrik». 1893. Eduard Munch

En este fascinante cuadro, Munch nos presenta en primer plano a una figura andrógina en un momento de profunda angustia y desesperación existencial. La perspectiva acelerada, la aplicación violenta de color a grandes contrastes, así como la figura deformada del personaje hacen que desaparezca toda posibilidad de realismo y que, al contrario, se potencie la expresión trágica y desesperada, tema principal de la obra.

Parece que el mundo está dando vertiginosas vueltas a su alrededor: las pinceladas curvas del paisaje marítimo en contraposición con las diagonales de la barandilla y el suelo generan un potente dinamismo en la obra. Como el autor ha prescindido de todo detalle, nada se ve nítido. Además, la luz no parece venir de ninguna parte, lo que da sensación de gran antinaturalidad y sin sentido. La obra, sin duda, consigue crear en el espectador la misma inquietud que tiene el personaje. Ni siquiera nuestra visión puede centrarse en algún punto en concreto puesto que le llegan estímulos desde todos los lugares. La expresión desencajada de la figura nos transmite angustia, pero también lo hace todo el paisaje. Hemos llegado al miedo en todo su apogeo, el miedo existencial, el miedo que nace de vivir en un mundo amenazante y peligroso, el miedo que desemboca en grito.

Eduard Munch tuvo una vida especialmente atribulada: su padre era un hombre muy estricto y severo, su madre murió de tuberculosis cuando era tan solo un niño, y a su hermana preferida la internaron en un psiquiátrico. En su diario escribe: «Paseaba por un sendero con dos amigos – el sol se puso – de repente el cielo se tiñó de rojo sangre, me detuve y me apoyé en una valla muerto de cansancio – sangre y lenguas de fuego acechaban sobre el azul oscuro del fiordo y de la ciudad – mis amigos continuaron y yo me quedé quieto, temblando de ansiedad, sentí un grito infinito que atravesaba la naturaleza». Aunque nuestra vida no haya sido tan atormentada como la del autor, sí hemos sentido en algún momento este tipo de ansiedad que describe el autor en su diario y que trasmite tan magníficamente en su obra. Hemos experimentado ese sentimiento de vacío, que a veces se vuelve un hueco en el estómago o una sensación de falta de aire. Nos hemos sentido sin consuelo posible, abandonados/as por otros y por la vida misma, con la necesidad imperiosa de gritar. Hemos creído percibir que la creación no está en armonía, sino que, al contrario, todo está en batalla y en plena lucha. Nos hemos querido agarrar la cabeza, como hace el personaje de la obra, con la intención de parar el discurso aterrado de la mente que se siente insegura y vulnerable y no deja de percibir peligros e imaginar fantasmas.

Estos momentos de angustia extrema y de profunda crisis existencial son parte del camino vital y también del espiritual (las llamadas «noches oscuras del alma») y hay que transitarlos. Pocas veces existe la posibilidad del consuelo o de tranquilizar la mente y los múltiples miedos que proyecta. Pero sí podemos entrar en nuestro interior y buscar allí posibles anclajes y un sentido para nuestra vida. Como dice Viktor Frankl:

> «No hay nada en el mundo capaz de ayudarnos a sobrevivir, aun en las peores condiciones, como el hecho de saber que la vida tiene un sentido».

> (En *El hombre en busca de sentido*).

Para reflexionar

¿Desconfío del mundo? ¿Me siento desprotegido? ¿Siento que vivo en un mundo absurdo y sin sentido? ¿Identifico vivir con sufrir?

¿Siento miedo a que me puedan herir? ¿Huyo del compromiso con las personas por miedo a ser herido aun sabiendo que con ello también pierdo la posibilidad de crecer y compartir en intimidad?

¿Temo el abandono y me apego ansiosamente a los demás (amigos, pareja, familiares...) generando una especie de dependencia o sumisión?

¿Desconfío constantemente de las personas, creyendo que estas hablan mal de mí, me intentan hacer daño, me son infieles o se quieren aprovechar de mí?

¿Me he planteado alguna vez cuál es el sentido o propósito de mi vida?

¿He pasado alguna crisis existencial? ¿Qué aprendí de ella?

Quien tiene un porqué para vivir
puede soportar casi cualquier cómo.

NIETZSCHE

Shiva Nataraja

Museum of Fine Arts de Boston. India del Sur. 1800 aprox.

Estamos ante la advocación de Shiva Nataraja, señor de la danza y rey de los actores. Según la leyenda hindú, queriendo destruir al dios Shiva, sus enemigos le enviaron un enano (encarnación del mal y símbolo de la ignorancia humana). Para combatirlo, Shiva inició su danza cósmica, con la que consiguió someter al demonio y liberar al mundo de la ilusión del ego y del mundo fenoménico.

La imagen está llena de símbolos, con los que los hindúes se explican no solo su existencia sino también una constante en la vida que sustenta el universo y a la que no hay que temer: el binomio creación–destrucción. El dios sostiene en su mano superior derecha el *ḍamaru*, tambor con el que toca el sonido primordial, transmitiendo así ondas vibrantes a la materia inerte. La creación entonces despierta e inicia su baile al compás de la danza del dios, apareciendo las distintas criaturas y los ciclos de la creación. A su vez, en la mano superior izquierda Shiva carga una lengua de fuego, *agni*. Con este fuego, una vez llegado el momento, destruye todas las formas y todos los nombres. Nuestra mente racional contempla aterrorizada cómo todo lo que ha sido creado termina siendo destruido, pero el dios, a través del gesto de la mano derecha inferior, nos indica que no temamos. Con la mano frontal izquierda apunta a sus pies, bajo los cuales está sometido el enano. Así nos quiere recordar que todo es ilusión, que lo que observamos como creación y destrucción es solo parte del movimiento del mundo fenoménico y que si conseguimos destruir al diablillo del ego, quien quiere aferrarse a las formas, podremos fluir y danzar al ritmo del universo.

Shiva Nataraja nos muestra un profundo entendimiento del universo. La vida es cambio, es creación y es destrucción, y si nos negamos a él solo generaremos sufrimiento. En efecto, uno de los temores que más afectan a las personas es el miedo al cambio. Nos da terror salir de nuestra zona de confort, tener que cambiar nuestros hábitos o amoldarnos a nuevos lugares, nuevos trabajos o nuevas relaciones. El cambio da miedo porque supone dejar la vida tal y como la conocemos. Y, sin embargo, el cambio es inevitable y parte de la vida: la hoja caduca no se agarra al árbol para no caer ni el gusano se encierra para siempre en su crisálida evitando transformarse en mariposa. La imagen de Nataraja nos recuerda que no debemos temer ante lo que sentimos dolorosamente como destrucción y pérdida ni apegarnos a las nuevas formas que aparecen en nuestra vida, puesto que todo es ilusión. Solo trascendiendo las formas y el tiempo, conseguiremos calmar todos nuestros miedos y experimentar la paz de quien se sitúa en aquello que permanece.

Para reflexionar

¿Siento miedo al cambio o, en cambio, veo en el cambio un nuevo reto y una motivación positiva?

¿Me cuesta modificar mi conducta o forma de pensar ante una nueva situación?

¿Me aferro a una relación de pareja o un trabajo insatisfactorio a pesar de mi incomodidad?

¿Tengo cierta ansiedad por lo que pueda ocurrir en el futuro? ¿Me da miedo no tener control sobre lo que ocurre?

¿Me excuso en frases como «yo soy así y siempre he sido así» o «ahora ya es muy tarde para cambiar» para evitar avanzar y cambiar?

¿Qué elementos constituyen mi zona de confort? ¿Me atrevo a salir de vez en cuando de este estado de comodidad para dejarme experimentar nuevas vivencias? ¿Acaso el miedo me impide comprometerme e implicarme?

Cuando dudes entre «hacer» y «no hacer»
escoge siempre hacer.
Si te equivocas tendrás al menos la experiencia.

Alejandro Jodorowsky

Afirmaciones

- Escucho con atención a mi corazón (a mi Espíritu).
- Me abro ante las maravillosas posibilidades que me ofrece lo desconocido.
- Apaciguo mi mente y su constante necesidad de razonar todo.
- Me acepto tal y como soy.
- No me afectan los elogios ni las críticas. Vivo con paz una sana indiferencia.
- Expreso con libertad y alegría mi propia identidad.
- Percibo la armonía de la creación.
- Confío en el universo y estoy en paz con las personas y las circunstancias que me rodean.
- Mi vida tiene un sentido.
- Vivo con gozo mis relaciones sin apegarme a ellas ni perder mi libertad.
- Me atrevo a salir de mi zona de confort para vivir nuevas experiencias.
- No temo perder aquello que ya no me hace feliz.
- Estoy seguro/a y a salvo, todo está bien en mi mundo.

Cuerpo

Virabhadrasana

Virabhadra fue un legendario guerrero indio que ayudó a Shiva a vengar la muerte de su querida esposa Parvati. Esta postura de yoga, conocida en el mundo occidental como la «postura del guerrero», además de ser un fuerte estiramiento y fortalecer las piernas y la columna vertebral, aumenta la confianza en uno mismo y favorece la autoestima. Vamos a ver dos variantes de esta postura que puedes realizar cuando quieras enfrentarte a cualquier miedo y ganar autoestima. Para conseguir los mayores beneficios es recomendable mantener la *asana* de 30 segundos a un minuto con cada una de las piernas.

Virabhadrasana 1

1. Comienza con los pies juntos y firmes en el suelo y el cuerpo bien erguido.

2. Inspira y da un paso lateral para separar los pies aproximadamente un metro.

3. Gira el pie izquierdo 90 grados, y el derecho unos 60 grados, a la izquierda.

4. Gira el tronco hacia la izquierda intentando que las caderas queden paralelas al pie izquierdo.

5. Al espirar, dobla la rodilla izquierda hasta formar un ángulo de 90 grados. El objetivo es que el muslo izquierdo esté horizontal respecto al suelo y que la rodilla esté encima del pie. Cuida esto mucho para no lesionarte.

6. Inspira mientras levantas los brazos por encima de la cabeza (perpendiculares al suelo y paralelos entre sí). Las palmas están mirándose y los dedos están bien extendidos hacia arriba.

7. Mantén la mirada al frente y lo más tranquila posible. La cara, boca y garganta también deben estar relajadas. Recuerda que las caderas, pecho y cara están todos girados al lado izquierdo.

8. Aguanta 30 segundos y respira uniformemente.

9. Repite la misma secuencia hacia el lado derecho.

*Virabhadrasana 2

1. Sigue los pasos 1-3 de la anterior postura. Es importante alinear el talón izquierdo con el talón derecho.

2. Levanta ambos brazos paralelos al suelo y estíralos activamente hacia los costados. Mantén el pecho abierto y las palmas hacia abajo. Gira la cabeza hacia la izquierda.

3. Al espirar, dobla la rodilla izquierda hasta formar un ángulo de 90 grados. Asegúrate nuevamente de que la rodilla esté directamente encima de tu pie. Las caderas esta vez se mantienen en el mismo ángulo (180°).

4. Permanece en esta posición durante 30 segundos. Cuando vayas ganando resistencia puedes aumentar poco a poco el tiempo hasta llegar al minuto.

5. Inhala al subir, y exhala bajando los brazos, girando el torso y piernas hacia el frente y juntando las piernas.

6. Repite lo mismo hacia el otro lado.

Uttanasana

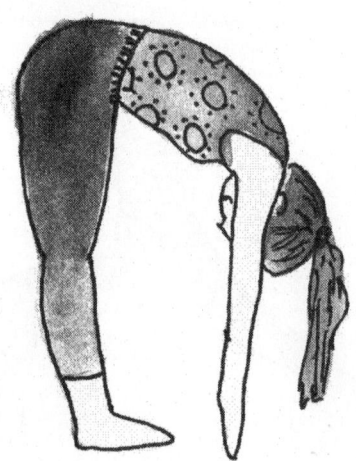

En *Uttanasana* (*Uttana* quiere decir «extensión»), también llamada «pinza de pie», la parte superior del cuerpo se inclina hacia delante, permitiendo alargar y estirar la columna y las piernas. Es una de las asanas que activan *muladhara*, el *chakra* raíz. Cuando *muladhara* está en equilibrio, uno se siente seguro, vital y decidido. Hace que la persona se sienta estable, con los pies anclados en la tierra. Pero cuando este *chakra* está bloqueado, la persona se siente insegura, rígida y desconectada de la naturaleza. Según los practicantes de yoga, muchos miedos se originan en el desequilibrio de este *chakra*.

1. Comienza con los pies juntos. Respira profundamente mientras estiras los brazos hacia arriba.

2. Espira mientras te inclinas lentamente hacia delante. Deja las piernas quietas y estiradas. Mantén la espalda recta y mira hacia delante.

3. Si puedes, apoya las palmas de las manos en el suelo delante de los pies. Si no, toca con la punta de los dedos. Si tampoco llegas, prueba a usar un bloque o poner algún otro elemento que te sirva como ayuda. Recuerda que no importa cuán flexible seas puesto que de igual manera estás recibiendo los beneficios de esta postura. Dirige la mirada hacia la punta de los pies o las rodillas. Relaja la cabeza.

4. Aguanta durante 30–60 segundos.

Ahamkara mudra

Los practicantes de yoga afirman que *Ahamkara mudra* es uno de los *mudras* más poderosos para la autoafirmación y la confianza. Ayuda a combatir el miedo y la timidez, fortalece la voluntad para hacer frente a los obstáculos y ayuda a encontrar el propio centro. Se forma doblando el dedo índice ligeramente y colocando el pulgar en la falange media del dedo índice (se ejerce una ligera presión). Mientras, los dedos medio, anular y meñique permanecen estirados.

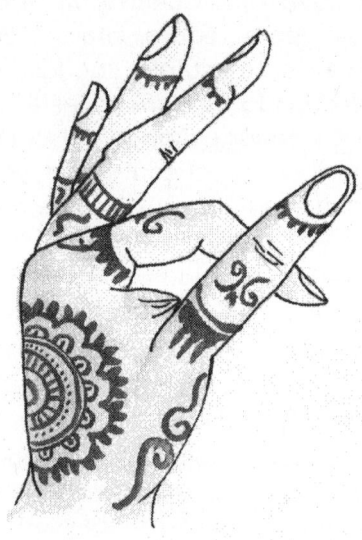

Actividad 1

Mandalas

Cuando tratamos de elegir algo por sí mismo, nos encontramos con que está ligado a todo lo demás en el universo.

JOHN MUIR

Los *mandalas* son figuras simbólicas que representan el universo –el macrocosmos– pero también lo más íntimo del ser humano –el microcosmos–. Normalmente se trata de un círculo (de hecho la palabra *mandala* significa «círculo sagrado» en sánscrito) alrededor de cuyo centro se ordena un conjunto de formas. Los podemos encontrar en múltiples lugares, desde la ordenación de los átomos y las células hasta nuestro sistema solar y las nebulosas astrales pasando por los rosetones de las catedrales cristianas, las telas de araña o las *chacanas* incas. Desde hace siglos los budistas han usado los *mandalas* como instrumento de meditación y hoy se usan por todo el mundo con fines reflexivos, artísticos o terapéuticos. Aquí los vamos a usar como un instrumento para procesar los miedos. Concretamente el miedo a la soledad y a la sensación de caos. El *mandala* expresa que en la diversidad existe una unidad, que existe un orden frente al aparente caos y que todos estamos conectados y la sensación de soledad y aislamiento es ilusoria.

1er ejercicio. Dibujar un mandala

Dibujar *mandalas* nos ayuda a unificar los elementos dispares del nuestro psiquismo, ordenándolos en torno a un centro, el sí-mismo. Recordemos aquel consejo de San Agustín: «No salgas afuera, regresa a ti mismo. En el interior del hombre se encuentra la verdad». Con este ejercicio vamos a volver la mirada hacia nuestro interior e ir a lo más profundo de nosotros/a, al origen, donde se encuentran las respuestas y el sentido de las cosas. Vamos a buscar un centro y ordenar en torno a ello todo aquello que se vislumbra caótico, dándole también un lugar a lo que normalmente ocultamos y reprimimos.

1. Lo primero que tenemos que hacer es encontrar un lugar relajante, donde podamos sentarnos cómodamente y disponernos a pasar tiempo con nosotros/a mismos/a.

2. En una hoja de papel (o papel de acuarela) traza un círculo con un lápiz. Puedes ayudarte con un compás, un CD, un plato o cualquier objeto circular que pueda servirte de base para dibujar alrededor.

3. Busca el centro del círculo trazado y dibuja allí tu miedo resuelto. Respira hondo, cierra los ojos e imagina que el miedo que quieres trabajar hoy está ya procesado. La primera imagen que aparezca en tu mente en ese estado de paz y de conquista es la que vas a plasmar en el centro de tu *mandala*. No importa que en apariencia poco tenga que ver con el miedo resuelto, porque esto es solo apariencia. Digamos, por ejemplo, que quieres trabajar el miedo a la soledad y la imagen que te viene a la mente es la de una flor. Más adelante podrás analizar su significado, por ejemplo, que tras la aparente soledad de la planta, esta está conectada con el resto de la naturaleza –tierra, agua, viento...– y por eso luce radiante y hermosa. Pero ahora no es momento de pensar mucho sino de dejarte llevar por la intuición. Dibuja la imagen de manera simple y sencilla pero dedicándole el tiempo necesario y tratando de mantener una energía amorosa.

4. Alrededor de esta imagen que dibujaste en el centro empieza a trazar patrones concéntricos. Déjate llevar por la intuición también aquí y no planees mucho lo que vas a hacer. Puedes hacer diseños concéntricos simétricos o no, tal y como lo vayas sintiendo. Continúa hasta alcanzar el borde externo del círculo.

5. Usa lápices de colores, acuarelas o rotuladores para colorear tu *mandala*. Otra vez déjate guiar en la elección de los colores por lo que vayas sintiendo, pues

no existe tal cosa como una mala combinación de colores o un *mandala* mal hecho.

6. Una vez terminada tu obra de arte puedes hacer una oración mirando tu *mandala* o simplemente agradecerte a tu ser (sí–mismo) ese proceso de unificación que acabas de hacer. Puedes colocarlo por una temporada en algún lugar visible para que, cada vez que lo veas, recuerdes tu conquista. Su mera visión te dará paz.

2° ejercicio. Colorear un mandala

Contra lo que muchos puedan pensar, colorear no es solo un ejercicio para niños sino que es excelente también para los adultos pues se favorece el desarrollo de la concentración, la expresión de las emociones y la activación de los dos hemisferios cerebrales: el lógico y el creativo. La acción simple y repetitiva de aplicar color a un dibujo ayuda a concentrarse en el momento presente, alcanzando una especie de estado meditativo donde el ritmo respiratorio se hace regular y las preocupaciones y los miedos van desapareciendo. Además, el color nos hace ponernos en sintonía con nuestras emociones, ya que dependiendo del estado de ánimo, elegimos diferentes tonos. Los colores reflejan lo que sentimos y nos pueden influir con sus propiedades. Es por ello que para este ejercicio vamos a apuntar brevemente el significado de los colores tal y como se suelen trabajar en cromoterapia.

Azul	El color del cielo y el mar. Induce a la relajación y a la calma.
Amarillo	Color del sol, la energía, la riqueza y el calor. Promueve la concentración y el buen humor.
Rojo	Color del fuego y la sangre. Está asociado a la pasión y la ira. Ayuda a restaurar la vitalidad y se usa para comenzar nuevos proyectos o activar nuevas energías.
Verde	Es el color de la naturaleza y representa fertilidad y renovación. Es un color tranquilizante y por ello es usado generalmente para fomentar salud y bienestar.
Naranja	Indica calor, energía y despertar. Tiene un efecto vitalizador y aporta confianza, inventiva y motivación.
Morado	Es calmante y regenerador. Se asocia con la realeza, la espiritualidad y la imaginación.

1. Reúne todo el material que necesites (papel, lápices de colores, acuarelas, etc.) y busca un lugar relajante para comenzar la tarea. Aquí te proponemos un *mandala* para que te sirva como primer ejemplo pero puedes crearlos tú mismo, comprar un libro de *mandalas* para colorear o imprimirlos de Internet. Según la textura que quieras experimentar, puedes usar acuarelas, ceras, lápices de colores, plastilina, bolitas de papel aplicadas con pegamento... las posibilidades son infinitas.

2. Cuida mucho el ambiente donde trabajes el *mandala* para dejar salir tus emociones. Un paraje natural o escuchar música clásica pueden ayudar mucho.

3. Otra vez, respira hondo, cierra los ojos e imagina cómo tu miedo concreto va desapareciendo. ¿Qué emociones necesitas para que esto se cumpla? Piensa a qué color podrías asociar estas emociones (o, si lo prefieres, déjate guiar por los significados del recuadro). Tal y como te vayan viniendo los colores a la mente empieza a colorear. Es recomendable hacerlo desde el centro hacia el exterior. Pero si sientes un impulso distinto, síguelo.

4. Cuando termines tu obra de arte puedes hacer una oración o dar las gracias. Si crees que puede ayudarte, colócalo por una temporada en algún lugar visible para que te recuerde tu conquista del miedo. Como decíamos en el ejercicio anterior, solo con verlo sentirás paz.

MANDALA PARA COLOREAR

3er ejercicio. Un mandala objeto

Se pueden hacer *mandalas* con muchísimos materiales: ¡el límite solo lo pone tu imaginación! A veces tenemos el deseo de hacer un *mandala* pero no tenemos a mano papel, bolígrafos, colores... ¡no importa!. Aún podemos hacer hermosos *mandalas* con la ayuda de objetos. Por ejemplo, si estás en medio de la naturaleza puede ser una ocasión ideal para hacer un *mandala* a base de plantas y flores. Si por ejemplo estás en la cocina puedes hacer un *mandala* con semillas, frutas o verduras. ¿Qué te parecería incluso prepararte una ensalada poniendo los ingredientes en forma de *mandala*? Ponle un centro a tu círculo sagrado y construye desde ahí echando a volar tu imaginación.

Actividad 2

El niño interior

*En verdad os digo que si no os convertís
y os hacéis como niños, no entraréis
en el reino de los cielos.*

Mateo 18:3

Hasta aproximadamente los cinco años de edad aprendemos y formamos lo que posteriormente marcará nuestros patrones de conducta y nuestro comportamiento afectivo más esencial. La relación primera con nuestros padres y hermanos es base de lo que más adelante será nuestra autoestima, las relaciones con nuestro entorno, nuestra sensación de seguridad, etc. Lo más normal es que ese niño que siempre nos acompaña, el niño interior, haya sufrido heridas emocionales que no fueron sanadas a su debido tiempo y que por ello siguen doliendo o incluso sangrando en nuestra vida adulta, por muy racionales y maduros que nos sintamos. En general, este niño se siente herido por no haber recibido (o no sentir que recibía) todo el amor que necesitaba. Las partes más inseguras, temerosas o crueles que a veces llaman a nuestra puerta interior provienen en su mayoría de este niño asustado y deseoso de amor.

La mayoría de los padres lo hicieron lo mejor que pudieron, pero su buena voluntad no siempre consiguió subsanar descuidos o faltas nacidos de la simple ignorancia o de una repetición de patrones aprendidos. Además, cuando éramos pequeños no teníamos la capacidad para discernir que cuando nuestros padres decían cosas como «¡eres tonto!», «¡cállate!», «¡pero qué torpe eres!», «¿por qué no te portas como _____?», etc., estas frases provenían generalmente del enojo, del cansancio, de haber tenido un mal día o de una frustración innata, y no se trataba de un juicio real y consciente sobre nosotros. Pero el niño no entiende esto y se siente profundamente rechazado, insuficiente e indigno de amor.

Ya de adultos pocas veces tratamos de conectar con nuestro niño interior (en gran parte porque nos hace volver a sentir vulnerables) y, tristemente, cuando nos acordamos de él es generalmente para reñirlo o criticarlo, a menudo con los mismos reproches que fuimos recibiendo desde la infancia. Pero a veces el niño se hace presente inevitablemente cuando en una situación de estrés el adulto regresa a una etapa infantil. Se habla de que «ha perdido los papeles» o que «está dando una pataleta», pero es el niño interior que sale a la luz. Estas son ocasiones ideales para reconocer a nuestro niño interior y recuperarlo.

En el proceso de unificación de nuestra psique, de dar luz a las sombras y de abrazar aquellas emociones reprimidas, un renovado contacto con nuestro niño se hace necesario. Es esencial acoger en nuestros brazos a ese niño que todavía se siente rechazado, inseguro y poco amado. Para ello hay que contactar con él desde nuestro ser adulto, que entiende racionalmente de dónde vienen aquellas críticas recibidas, que es capaz de curar y tranquilizar y que puede explicar al niño algo que tal vez nunca le enseñaron: el amor no se consigue mediante el esfuerzo, por el agrado a los demás o por cumplir unas normas, sino que es innato, libre y sin condición. Todo niño merece amar y ser amado.

Así conseguiremos vivir una segunda infancia consciente donde nosotros mismos nos hacemos responsables de lo que le decimos a nuestro niño interior, de darle un amor no basado en condiciones y chantajes, de hacerle que se sienta libre para ser él mismo, sin tener que adaptarse, falseando su identidad, para conseguir el tan ansiado amor. Durante la primera infancia no tuvimos control de lo que acontecía pero ahora sí lo tenemos. Y, cual niños integrados y felices, entraremos en el reino de los cielos, en pura armonía, paz y amor.

1er ejercicio. Reconocer al niño interior

Para identificar al niño interior un ejercicio muy bueno es el de volver a contactar con nuestra infancia. Para ello vamos a crear un ambiente que nos ayude a revivir nuestros primeros años y formularemos una serie de preguntas que nos contacten con él.

1. Busca un lugar tranquilo donde puedas sentarte cómodamente y no puedas ser interrumpido en lo que dure la actividad. Si puedes y te apetece pon una música infantil suave (si recuerdas tus canciones favoritas, úsalas). El olor es un sentido con gran poder evocador, así que también puedes usarlo para traer recuerdos a la memoria: el olor de una colonia infantil, de una taza de chocolate caliente, de la ropa recién lavada... cualquier cosa que te lleve a la infancia.

2. Respira hondo y déjate envolver por todos estos estímulos (sonidos, olores), si los tienes, o por el simple silencio.

3. Deja que afloren imágenes a tu mente. ¿Qué imágenes aparecen al pensar en la infancia? ¿Qué sentimientos

suscitan estas imágenes? ¿Son generalmente hermosas, dolorosas o hay un poco de todo? Anótalas.

4. Empieza ahora a dirigir las imágenes a espacios que solías frecuentar. Por ejemplo, la escuela. Visualiza a tu mejor amigo, al maestro, el momento del recreo, de la comida, de las clases. ¿Qué observas? ¿Cómo te sentías? ¿Eras tímido, juguetón, travieso, educado, tranquilo, curioso...? ¿Qué te solían decir los profesores? ¿Te castigaban si no hacías las cosas como ellos te pedían? ¿Te animaban a crear y a ser diferente?

5. Ahora ve camino de la escuela a tu casa. ¿Cómo era la casa? ¿Grande, pequeña, con plantas, animales, llena de gente, silenciosa...? ¿Había alguna habitación especial donde te gustaba refugiarte o pasar tiempo? ¿Cómo era la mesa del comedor, quién estaba sentado en ella, qué se comía, de qué se hablaba? ¿Qué hacías antes de dormir? ¿Había algún momento especial y personal con tus padres durante el día? ¿Recibías besos y caricias, te leían un cuento, jugaban contigo? ¿Qué te decían?

6. Imagínate ahora que acabas de venir al mundo. Observa la belleza de ese recién nacido, que eres tú. Escucha tus gemidos, tu llantos, tus risas y balbuceos. ¿Quién más está en la escena: tu madre, tu padre, tus abuelos, algún otro familiar o amigo? Imagínate que entras en la escena tal y como eres ahora, te acercas a la cuna y te ves a ti mismo de bebé. Te coges en brazos y te meces. ¿Qué te dices? «Me alegra mucho que estés aquí» , «bienvenida/o», «te amo tal y como eres», «te cuido y protejo para siempre».... Dite lo que necesites en voz baja y poco a poco ve volviendo a la realidad.

7. Abre los ojos y respira hondo.

2° ejercicio. Conversar con el niño interior

Es importante entender las circunstancias de dolor, mie-do o enfado que nuestro niño interior no supo superar en su momento por estar carente de los recursos cogni-tivos y emocionales necesarios. Para ello, ayuda mucho entrar en directa conversación con el niño interior a tra-vés de la escritura o incluso de la pintura. Este ejercicio propone precisamente un diálogo entre la parte cons-ciente y racional de nuestro ser (nuestro adulto, padre y madre) y la parte más vulnerable y sensible –también creativa– que es nuestro niño interior. Con la mano do-minante el adulto formula una pregunta. Con la mano no dominante, guiada por el hemisferio derecho del cere-bro, es el niño el que responde. Puede que te sorpren-dan mucho las respuestas que el niño te da. Recuerda no juzgarlas, porque no se trata de que sean buenas o malas, verdaderas o falsas. Simplemente dan cuenta de lo que el niño siente como real y de aquellas circunstan-cias que quedaron bloqueadas a lo largo del camino. Deja salir el dolor, si asoma. Es importante permitirte ha-cer el duelo que concederá transformar las emociones dolorosas que quedaron estancadas.

1. De nuevo es importante elegir un lugar relajante, donde puedas sentarte cómodamente y disponerte a pasar un rato contigo mismo sin interrupciones. Ambiéntalo como necesites y haz una larga y pausa-da respiración.

2. Expresa la intención de comunicarte con tu niño in-terior y de querer conocerle mejor.

3. Empieza a formular preguntas desde tu ser adulto usando tu mano dominante (la derecha si eres dies-tro y la izquierda si eres zurdo). Conviene ser pa-

ciente y cariñoso, como lo seríamos con un pequeño. Deja que el niño responda con la mano no dominante. No censures lo que te diga. Déjale que se exprese.

4. Si no sabes cómo comenzar el diálogo puedes empezar preguntándole su nombre, cuántos años tienes o cómo se siente. Pídele que se dibuje a sí mismo o que dibuje aquello que más desea en ese momento de su vida. También puedes preguntarle: ¿Qué te asusta? ¿Necesitas algo? ¿Qué puedo hacer para que te sientas seguro y amado? ¿Quieres comunicarme algo?

5. Puedes terminar dándole las gracias por haber accedido a salir y hablar contigo. Respira hondo y contempla el efecto de esta conversación íntima en tu ser. A muchas personas les ayuda pasar cinco minutos al día con su niño interior para que poco a poco se vayan conociendo más y les vaya revelando sus conflictos y necesidades.

3er ejercicio. Visualización creativa

En este último ejercicio trata de visualizarte de pequeño. Estás solo en tu habitación o en un rincón de tu casa donde te gustaba pasar rato. Imagina cada detalle del lugar: los muebles del cuarto, los objetos que hay, con qué te estás entreteniendo. Ahora imagínate a ti mismo, tal cual eres ahora, que abres la puerta de esta habitación y ves a este niño. Puede que le observes inseguro o temeroso, tal vez apenado o quizás enojado por algo. Acércate a él y pregúntale qué le pasa. Si lo necesita juega con él, dale un fuerte abrazo o mil besos. Cálmale con palabras de apoyo y amor, y dile que lo aceptas tal y como es y lo cuidarás siempre que lo necesite: «No te preocupes, ahora soy adulto. Yo cuidaré de ti y no dejaré que nada te haga daño». Después de sentir que este niño se vuelve a sentir alegre y en paz déjalo allí, jugando en su habitación, y prométele volver cada vez que él lo necesite.

> Cada vez que tengas un recuerdo doloroso de tu infancia, viaja por tu memoria y, con la edad que tienes hoy, dile a tu niño: «Pequeño mío, no estés triste, no estás solo. Yo estaba contigo, acompañándote todo el tiempo. Soy tu amigo. Juega conmigo»... Y así agregas a tu infancia cosas que no tenías en tu memoria y la cambias. Puedes agregar alas invisibles a tu niño y hacerlo volar, darle belleza, darle valores, colorear las calles, llenar su casa de objetos preciosos, hacerlo conversar con los animales y las plantas, mejorar a sus padres, etc. Y si tú hoy estás triste, puedes invocarte a ti mismo, cuando serás un/una anciano/a sabio/a que te diga: «Querido/a, soy tú con cien años más. Ya lo ves, no estás solo/a, estoy junto a ti. Tengo una inmensa sabiduría y puedo aconsejarte». Si agregas importantes detalles a tu memoria, tal como hace un artista cuando pinta un cuadro o filma una película, puedes cambiarla, agregarle felicidad. Si quieres liberarte del sufrimiento pasado, colorea y enriquece tu memoria. Otórgate lo que no te dieron. Haz lo que no hiciste.
>
> ALEJANDRO JODOROWSKY

Para tener presente con frecuencia a tu niño interior y poder colmarle de aquel amor que él no tuvo, puedes poner una fotografía (o varias) de cuando eras niño en algún lugar visible de tu casa. Puedes hacerla especial colocándola en un bonito marco o poniéndole alguna flor de vez en cuando. Cuando pases delante de la fotografía envíate frases de amor y aceptación: «Eres valioso/a y magnífico/a», «tienes derecho a ser como eres», «te quiero sin condiciones»... Dite a ti mismo/a todas esas cosas que le dirías a un bebé recién nacido y que hubieras deseado escuchar de tus padres.

2 La rabia

La rabia es la emoción que nos mueve a destruir los obstáculos y defender lo justo. Surge cuando algún espacio que consideramos importante en nuestra vida ha sido violado, ya sea por otra persona o por nosotros mismos. El enojo nos ayuda entonces a marcar nuestro territorio, a poner límites a los demás, a autoafirmarnos, a pedir algo que es importante para nosotros o a decir «no». Tiene un movimiento centrífugo y por ello nos moviliza hacia la acción, hacia el afuera, hacia el otro. Necesita de una descarga que suelte físicamente la tensión hacia afuera y por eso nos da por gritar, golpear o dar patadas. Como su función esencial es la de destruir aquello que resulta amenazante, es, de las cuatro emociones básicas, la más peligrosa potencialmente. Se puede manifestar en distintas intensidades, desde el enfado hasta la cólera, pasando por la rabia y la ira. En cuestión de segundos el cuerpo entero se prepara para luchar. Las glándulas suprarrenales y tiroides segregan adrenalina y cortisol, lo que se siente como una descarga de energía que facilita que se corra más rápido, se puedan levantar objetos muy pesados y todo el cuerpo esté preparado para la lucha. A nivel físico se percibe en que la respiración se vuelve agitada, los latidos del corazón se aceleran y los músculos se tensan.

Esta emoción resultaba especialmente beneficiosa cuando nuestros antepasados estaban a punto de ser devorados por una bestia salvaje, pero hoy en día estamos acostumbrando a nuestro cuerpo a recibir constantemente esta enorme descarga de adrenalina por causas mucho menos amenazantes, como un desencuentro en la carretera o una discusión con el jefe. El resultado es un estrés crónico que puede desencadenar hipertensión, migrañas, insomnio, fatiga, problemas de digestión por el aumento de secreción de ácido en el estómago (causando gastritis e incluso úlceras), infartos cardiacos, entre muchos otros. Esta tensión constante ocurre muchas veces por no darnos permiso a expresar la emoción de la rabia, dejando que la adrenalina se acumule durante horas dentro de nosotros. Puede también convertirse en resentimiento y rencor cuando dirigimos el enfado hacia nosotros mismos por no haber sido capaces de orientarlo a aquella persona por la que sentimos el enojo. Sea como fuere el resultado es una sensación de irritabilidad constante.

Hay muchas causas que pueden desencadenar la ira, como que algo o alguien obstaculice lo que nos hemos propuesto hacer, que alguien intente dañarnos física o psicológicamente, que alguien no se comporte según nuestras expectativas.... Incluso la ira de los demás puede ser causa de la nuestra. En este sentido hay que anotar que la rabia es la emoción más contagiosa, puesto que generalmente cuando uno se enfada y lo echa afuera hay otro que recoge la rabia y continua su energía. Se nota muy bien en el tono de voz de un diálogo. Si uno/a está enfadado/a empezará a subir el tono de voz y lo mismo hará su dialogante, incluso un poco alto más hasta que ambos terminen por gritar.

La emoción de la rabia es muchas veces censurada, especialmente en las mujeres, y no nos gusta sentirla porque nos tensa corporalmente, nos deja mal humor y cierra la posibilidad de vincularnos con otros. Sin embargo, tiene una función muy significativa y puede ser una útil herramienta. Por su llamada a la acción y el aumento de vigor, fuerza y resistencia que le acompaña, la rabia aporta una energía importantísima para salir de una depresión o para romper con lo viejo y lo que ya no nos nutre. Bien gestionada, esta emoción nos permite proteger lo nuestro y construir relaciones sanas y asertivas con los que nos rodean. A través de ella podemos mostrar al otro nuestro descontento (solo con la palabra no llegaría tan eficazmente) cuando nuestros derechos o nuestros límites no han sido respetados. La rabia puede sentar las bases para una sana autoestima donde el individuo se autoafirme expresando lo que siente, piensa y necesita. En definitiva, la emoción de la rabia protege nuestra identidad.

Para reflexionar

¿Me doy permiso para enojarme? ¿Niego mis momentos de rabia tratando de autoconvencerme de que no pasó nada? ¿Acepto sin culpabilidad que siento rabia?

¿Siento rabia muchas veces al día? ¿Siento que vivo en un perpetuo estrés? ¿Me enojo con gran facilidad ante cualquier mínimo estímulo?

¿Dónde siento la rabia en mi cuerpo? ¿Cómo la siento: en forma de tensiones, de calambres, de calor…? ¿Qué me está pidiendo hacer: gritar, pegar, correr, dar patadas…? ¿Prefiero dirigir esa energía contra algo o contra alguien?

¿De dónde viene la rabia? ¿Se trata de un evento-persona del presente o tal vez este evento-persona simplemente está desencadenando una rabia reprimida del pasado? ¿Estoy reaccionando exageradamente a las circunstancias?

¿Tomo responsabilidad de lo que me ocurre? ¿Trato de poner los límites necesarios (a mi y al otro) para que no se repitan estas situaciones que considero injustas? ¿O acaso no hago nada respecto a él y me refugio en el papel de víctima?

¿Me dejo afectar por el enfado de los demás entrando en una cadena de ira? ¿Dedico un tiempo a analizar física, emocional y cognitivamente la rabia que siento?

¿Qué me está tratando de decir esta rabia? ¿Cómo quiere ayudarme?

A través de los materiales profundizaremos más en las distintas causas que detonan la emoción de la rabia como son los actos de injusticia o las expectativas frustradas. Con la leyenda del lobo de Gubbio veremos lo importante que es atender a esta emoción para que no se vuelva destructiva y a partir de un famoso cuadro de Rembrandt indagaremos en el perdón como acto que nos libera de rencores, resentimientos y culpabilidades. Las actividades están dirigidas a gestionar la rabia. La práctica de la respiración profunda puede convertirse en una útil herramienta para tranquilizar nuestra mente y paliar los efectos físicos explosivos que acompañan al enfado. Por otro lado, con los ejercicios artísticos trataremos de dar forma, color y textura a la rabia que sentimos, desidentificándonos poco a poco de ella; y estableceremos claramente los límites de nuestro territorio para que no sean violados ni por otras personas ni por nosotros mismos.

«El lobo de Gubbio»

En la aldea italiana de Gubbio vivía gente orgullosa, por no decir soberbia. Su aldea estaba limpia; las calles, barridas; las casas, recién encaladas; las tejas color naranja de los tejados, bien lavadas; los ancianos eran felices; los niños, disciplinados; los padres, trabajadores. Encaramadas en el flanco de su montaña, las gentes de Gubbio lanzaban su mirada de desprecio sobre los pueblos del valle. Consideraban a la «la gente de abajo» sucia y poco tratable.

Ahora bien, he aquí que una sombra, aprovechando la noche, se deslizó en Gubbio y devoró a dos aldeanos. La consternación se adueñó de la población. Dos jóvenes valientes se ofrecieron para matar al monstruo. Armados con espadas, lo esperaron a pie firme. Pero por la mañana sus cuerpos aparecieron despedazados.

El pánico fue total. Se supo que se trataba de un lobo que, por la noche, venía a rondar por las calles. Para librarse de él, el consejo de la aldea decidió llamar a un santo conocido por su poder de hablar con los animales. Este santo no era otro que Francisco de Asís. Una delegación partió entonces en busca de Francisco de Asís para implorarle que fuese a expulsar para siempre al lobo de su pacífica aldea.

En el camino de vuelta, el santo dejó a los delegados de Gubbio en una encrucijada y se adentró en el bosque, con objeto de hablar con el malvado lobo.

A la mañana siguiente, todos los aldeanos, reunidos en la plaza pública, estaban impacientes por el retraso de Francisco. Viéndolo salir al fin del bosque, se pusieron a gritar de alegría. A paso lento, el santo se abrió camino hasta la fuente y, subido sobre el brocal, increpó a los oyentes: «Gente de Gubio, debéis alimentar a vuestro lobo». Sin otro comentario, bajó de la fuente y se marchó.

Al principio, la gente de Gubbio se tomó muy mal la cosa. Se enfadaron con Francisco. Su miedo al lobo dio paso a la decepción y a la cólera contra aquel santo inútil. Pero después cambiaron de opinión y encargaron a un aldeano que dejase, esa misma noche, una pierna de cordero en su puerta. Y en adelante hicieron lo mismo todas las noches.

Desde entonces, nadie en Gubbio murió desgarrado por el lobo. La vida volvió a su curso normal. Por otra parte, esta prueba hizo más juiciosa a la gente de la aldea. Dejaron de hacer alarde de una actitud arrogante y de desprecio hacia los habitantes de las otras aldeas del valle. La presencia del lobo en su bella aldea les había vuelto más humildes.

(Reconciliarse con la propia sombra: el lado oscuro de la persona. JEAN MONBOURQUETTE págs. 54–55)

Jean Monbourquette analiza esta conocida leyenda de San Francisco de Asís desde la psicología analítica. Los aldeanos de Gubbio eran gente ejemplar: tenían sus casas limpias, los niños eran disciplinados, los padres muy trabajadores... en definitiva, eran personas que obedecían estrictamente las reglas de la sociedad, excluyendo cualquier asomo de sombra. El perfeccionismo extremo al que estaban acostumbrados les hace enfadarse con San Francisco de Asís cuando este les aconseja alimentar al mismo lobo que estaba causando los violentos ataques. Ellos querían matarlo (el lobo representa la sombra); sin embargo, el santo (que personifica el sí mismo) les invita a tratarlo bien, alimentarlo diariamente y aceptarlo como uno de los suyos (por eso utiliza el posesivo «vuestro lobo»). El lobo deja entonces de ser una amenaza para convertirse en parte integrante de la aldea y sus habitantes se vuelven menos arrogantes y más humildes.

La emoción de la rabia, por su potencial peligroso y violento, es en gran medida censurada en la sociedad y en nosotros mismos. Nos esforzamos constantemente por dar la imagen de gente buena y pacífica, por agradar y ser tan ejemplares como los habitantes de Gubbio. Pero a costa de ello vamos ocultando enojos y malestares que, al no darle el cauce apropiado, pueden terminar explotando. Y es que la rabia no manifestada tiende a acumularse y más tarde se resuelve de manera desproporcionada, como podría ser recurrir a la violencia física en respuesta a un mero insulto verbal. Este cuento nos invita a buscar un equilibrio entre no rechazar la rabia y no dar libre curso a esta emoción, lo que podría provocar una total destrucción. El enfado es efectivo (para autoafirmarse, para luchar por lo justo, para demandar lo propio) en su justa medida. Y si atendemos a nuestro lobo, este no nos devorará.

Para reflexionar

¿Me permito sentirme enfadado/a? ¿Trato, por el contrario, de ser siempre un habitante ejemplar como los de la aldea de Gubbio buscando reprimir en mi cualquier asomo de sombra?

¿Cómo suelo expresar la rabia? ¿O trato de no expresarla nunca? ¿Si soy mujer, observo que hay comportamientos de expresión del enfado que están aceptados en un hombre y no en una mujer? ¿Cómo me siento respecto a ello?

¿Escucho las señales de enfado a tiempo o las tiendo a acumular hasta que exploto de manera desproporcionada? ¿Recuerdo algún momento vivido en la que una manifestación acalorada y desproporcionada de la rabia agravó una situación que podía haberse resuelto de otra manera?

¿Cuándo era niño/a mis padres me regañaban por enfadarme? ¿Recuerdo algún episodio donde necesité dar una pataleta o pegar a algo o a alguien para descargar la rabia contenida? ¿Cómo gestionaban mis padres el enfado? ¿Tenían explosiones iracundas o solían reprimir sus episodios de rabia?

Lo que niegas te somete.
Lo que aceptas te transforma.

CARL JUNG

«Una puesta de sol»

Cuando el Maestro oía decir a alguien: «Me gustaría mucho más mi mujer si fuese de otra manera», solía contar lo que le ocurrió a él un día mientras contemplaba una puesta de sol en el mar.

—¿No es precioso? —le dijo entusiasmado a una pasajera que se encontraba junto a él apoyada en la barandilla.

—Sí —dijo de mala gana la mujer—. Pero ¿no cree usted que estaría mejor con un poco más de rosa a la izquierda?

ANTHONY de MELLO

Una causa común de la emoción de la rabia son las expectativas frustradas. Esto es particularmente importante en el campo de las relaciones interpersonales donde se pueden crear dolorosos conflictos. Cuando el comportamiento de alguien no se adecúa a lo que espero de él me siento decepcionado, frustrado e incluso herido. Sin embargo, muchas veces olvidamos que con nuestras expectativas y exigencias estamos esperando que la otra persona cambie no solo sus costumbres sino también su forma de ser, su identidad. El atardecer que están contemplando los personajes de esta historia es hermoso en toda su plenitud pero, a pesar de ello, la mujer se queja con un comentario que resulta irrisorio: «Estaría mejor con un poco más de rosa a la izquierda». La constante necesidad de hacer cambios a la realidad y a las personas, de arreglarles unos cuantos defectos o de pedirles que se ajusten a nuestros ideales, solo trae decepción y frustración.

«Hay que soltar las imágenes ideales preestablecidas que uno proyecta en el otro, para descubrir, amar y aceptar al otro como realmente es, sin proyecciones ni manipulaciones» (Jorge M. Castro). Ante algo que no me gusta del otro tengo tres opciones: o acepto la situación, o cambio yo o me alejo de ella. Lo que no puedo es esperar a que el otro cambie ni pensar que con sus actos y forma de ser el otro está deliberadamente tratando de molestarme y hacerme daño. Uno de los cuatro acuerdos toltecas dice: «No te tomes nada personalmente». Lo que los demás hacen o dicen es una proyección de su propia realidad y nada tiene que ver conmigo.

Para reflexionar

¿Traiciono a veces mi forma de ser en el intento de cumplir las expectativas de los demás? ¿Espero que los demás sean como yo quiero en vez de aceptarlos como lo que realmente son?

¿Encuentro continuamente defectos en lo que me rodea? ¿Me cuesta disfrutar plenamente de las cosas porque siempre veo un «pero»? Ejemplos: «La comida está rica pero le falta un poco más de sal», «la semana de vacaciones estuvo bien pero llovió dos días»….

¿Qué hago cuando algo no me gusta de la otra persona? ¿He tratado alguna vez de aceptar la situación? ¿Y de adaptarme yo a la situación? ¿Y de salir de la situación?

¿De qué comportamientos y actitudes de mi pareja me suelo quejar? ¿En qué cosas no cumple el ideal que tengo en la mente? ¿Creo que se comporta así para molestarme?

*Yo no estoy en este mundo
para cumplir tus expectativas.
Tú no estás en este mundo
para cumplir las mías.*

FRITZ PERLS

Las manos de protesta

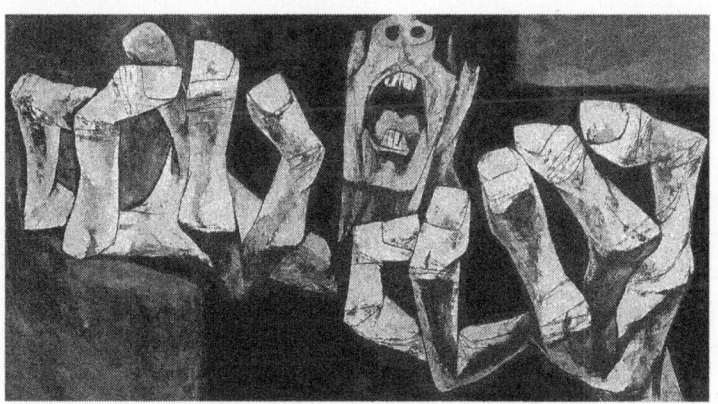

1968. Oswaldo Guayasamín

Este cuadro del ecuatoriano Oswaldo Guayasamín, incluido en una colección titulada «La edad de la ira», representa la ira de un hombre marginado y maltratado en un mundo violento, donde el hombre se ha vuelto contra el hombre. Dos guerras mundiales, campos de concentración, la Guerra Civil Española, los horrores de Hiroshima y Nagasaki, las dictaduras latinoamericanas.... todo el siglo XX habla de un mundo atroz y lleno de injusticias. En esta obra de expresionismo latinoamericano el autor pinta el dolor y la miseria de su pueblo indígena, pero con él representa a todos aquellos pueblos cuyos derechos humanos son atropellados. Sin embargo, no es un dolor resignado ni una sumisión pasiva, sino que, al contrario, el personaje ya ha sido cruzado por la acción y la fuerza que acompaña a la ira: grita, alza sus manos, clama justicia. De su figura solo se observa una boca abierta que chilla y unas manos huesudas, inmensas y en pura tensión que dominan toda la composición. Solo con estos elementos el autor logra transmitir la ira profunda del que es injustamente maltratado. Una ira que acusa, que pide explicaciones, que interroga al propio espectador.

Ya hemos visto cómo la rabia moviliza la energía hacia la autoafirmación y la autodefensa, una defensa caracterizada por el vigor, la fuerza y la resistencia. Pero esta emoción no solo llama a defender lo propio, sino también lo justo. Sentirse afectado por cualquier injusticia que se está cometiendo contra cualquier persona en cualquier lugar es ser humano. Como decía Bertol Brecht: «La injusticia es humana, pero más humana es la lucha contra la injusticia». Así, este cuadro habla de la ira de un desposeído en un mundo deshumanizado, pero también de la ira de Guayasamín, que pinta a trazos violentos unas manos que protestan por ellas mismas –sin necesidad de palabras ni otro gesto corporal– y lo hace en un lienzo de grandes dimensiones para que no pase desapercibido. Pero también el cuadro habla de nuestra ira, la de quienes contemplamos horrorizados la injusticia, que no tiene un nombre concreto pero a la que se le pueden dar muchos nombres. Y gracias a esta emoción de la rabia nos volvemos a sentir humanos.

Para reflexionar

¿Sufro algún tipo de injusticia o maltrato? ¿Se están atropellando mis derechos y necesidades? ¿Hay algún ámbito de mi vida (en el trabajo, en la familia, en la relación de pareja…) donde me siento desaprobado?

¿En qué zonas no estoy poniendo los límites necesarios? ¿Me cuesta decir que no? ¿Demando lo que considero que es justo y me pertenece? ¿Dejo pasar el tiempo a la espera de que todo se resuelva solo o trato de enfrentarme a las situaciones que siento injustas por muy incómodo que sea?

¿Me maltrato yo a mi mismo/a? ¿Tengo un discurso negativo y violento en mi interior y me digo cosas como: «Eres tonto/a», «no sirves para nada», «es normal que no te quiera nadie»….? ¿Soy capaz de atender mis necesidades y mimarme? ¿Cuido mi higiene, como comida sana, me autorregalo cosas?

¿Me afectan las injusticias de los demás? ¿Qué maltratos veo que ocurren a mi alrededor? ¿Cómo respondo ante ellos: miro hacia otro lado o me implico personalmente?

Cualquiera puede sentir rabia, eso es fácil.
Pero sentir rabia por la persona correcta,
en el momento correcto y por un propósito noble,
no es fácil.

ARISTÓTELES

El regreso del hijo pródigo

1662. Rembrandt

Este maravilloso cuadro de Rembrandt se inspira en la «Parábola del hijo pródigo» que aparece en la Biblia (Lucas 15, 11–32). La escena representa el momento cumbre del perdón de un padre que acoge en su regazo a su hijo arrepentido. Las ropas harapientas de este así como sus pies y zapatos destrozados reflejan el paso por un camino humillante. Inclinado levemente sobre él se alza la figura del padre, cuyos lujosos atuendos contrastan con los del joven. Este personaje es quien visiblemente concentra la máxima luminosidad del cuadro. Rembrandt dirige la luz hacia el rostro del padre, que mira compasivamente a su hijo, resaltando así la emotividad de la escena; pero sobre todo la luz ilumina las manos del anciano con las que recibe amorosamente a su hijo. Los estudiosos de la obra señalan cómo la mano izquierda se apoya con firmeza sobre el hombro del muchacho mientras que la derecha lo hace con extrema delicadeza, representando la doble naturaleza de Dios Padre, que es padre y madre a la vez, justo y misericordioso. Este gesto compasivo y amoroso es el que domina la escena. Rembrandt ha sabido muy bien representar una parábola también conocida como la «Parábola del padre misericordioso», puesto que el gran protagonista no es tanto el joven rebelde y luego arrepentido como el padre amoroso que está a la espera y corre a dar a su hijo la bienvenida al hogar. La lectura religiosa hace hincapié en el poder y la ternura de Dios, que no duda en salir al encuentro de sus hijos, en perdonarlos e iluminarlos con su gracia. Pero a nivel básico y humano el cuadro nos está dando un hermoso ejemplo de perdón.

El perdón es una de las grandes capacidades humanas gracias a la cual nos reconciliamos con la realidad y decidimos comenzar donde todo parecía haber terminado. No significa quitarle importancia a lo que sucedió ni tampoco justificarlo, pero sí renunciar a la venganza o al castigo y darle un cauce distinto a la emoción de la rabia, que se ha originado por el daño causado y que a priori busca destrucción. El verdadero perdón requiere de muchas cosas, como de una autoestima alta, de entender lo sucedido, de ponerse en el lugar del otro, de desear cicatrizar heridas o de apostar por el amor, entre muchas otras. Cuando uno está preparado para llevarlo acabo resulta ser un acto profundamente liberador.

Muchas veces el perdón que más cuesta es perdonarnos a nosotros mismos, pues podemos llegar a ser más duros y exigentes con nosotros que con los demás. En este sentido, el cuadro de Rembrandt puede tomar una lectura más introspectiva donde el padre que acoge es nuestro «yo esencial» que mira con ternura a nuestro limitado ego. Alejado de la escena principal (y de la luz) quedan los demás personajes que podrían ser las voces de los pensamientos morales y éticos recibidos culturalmente y que constantemente nos están autoevaluando, criticando o reprochando. Perdonarnos a nosotros mismos es recordarnos que somos humanos y que lo que hicimos lo hicimos de acuerdo a nuestro grado de conciencia. Perdonarnos es también ser conscientes de que los errores son oportunidades para crecer y que gracias a ellos hemos llegado a ser quien hoy somos. El cuadro de Rembrandt es una llamada a todos estos perdones.

Para reflexionar

¿Con qué personaje del cuadro de Rembrandt me identifico más: el padre que acoge, el hijo menor arrepentido, el hijo mayor que mira fríamente la escena? ¿Por qué creo que me identifico con este personaje? ¿Qué creo que puedo aprender a la luz del perdón?

¿He sido alguna vez perdonado? ¿Qué he experimentado cuando me perdonaron? ¿Me cuesta pedir perdón? ¿Siento que pierdo cierto poder cuando lo hago?

¿He perdonado alguna vez? ¿Qué he experimentado cuando perdoné? ¿Me cuesta perdonar a los demás? ¿Puedo perdonar aunque no me pidan perdón?

¿Me cuesta perdonarme a mí mismo? ¿Me pierdo en la rabia, el rencor, la culpa o el resentimiento, impidiéndome la liberación que otorga el perdón?

Si creo en Dios, ¿me dejo perdonar por Él o prefiero llevar el lastre de la culpa? ¿Me reconcilio con la vida o estoy enfadado con ella?

El perdón cae como lluvia suave desde el cielo a la tierra. Es dos veces bendito; bendice al que lo da y al que lo recibe.

WILLIAM SHAKESPEARE

Afirmaciones

- Mis emociones de enfado son normales y aceptables.
- No exijo que los demás cumplan mis expectativas.
- Acepto a las personas tal y como son.
- Actúo lo mejor que puedo en cada circunstancia.
- Me libero de la necesidad de esperar que los demás cambien.
- No me tomo las cosas personalmente.
- Respeto mi identidad sin tratar de amoldarla a los demás.
- Disfruto de las cosas tal y como vienen.
- Lucho por la justicia mía y de los demás.
- Respeto mis limites y demando que los demás los respeten también.
- Me perdono.
- Me permito decir no.
- Me libero de la carga de culpa y del rencor.
- Elijo perdonar a todo aquel que alguna vez me ha herido.

Cuerpo

Descarga de energía

La rabia pide movimiento y descarga de energía. Con ella llega, como veíamos, un aumento repentino de la adrenalina en nuestro torrente sanguíneo y con ella sentimos un exceso de energía que está destinada a responder a la posible amenaza. Por eso este exceso de energía necesita descargarse antes de pasar a hacer las asanas estáticas como *Ardha Matsyendrasana* o posturas suaves como *Marjaryasana*. Haz aquello que el cuerpo te pida: puedes salir a correr, ponerte a saltar, dar golpes a un cojín, gritar, golpear con un objeto suave (una almohada, por ejemplo), hacer unas cuantas flexiones o abdominales... Cualquier ejercicio que sientas que estás descargando la energía te aliviará. Solo después puedes comenzar con el resto de los ejercicios propuestos.

Ardha Matsyendrasana

La emoción de la rabia se localiza en el tercer *chakra*, situado en el plexo solar –boca del estómago–. Cuando este *chakra* está débil la persona se siente con poca fuerza para luchar o pasar a la acción y tiene la sensación de ser víctima de otras personas, de la sociedad o del sistema. Es importante trabajar posturas que activen este *chakra* para que la energía de la rabia no se bloquee y quede movilizada. Vamos a centrarnos concretamente en *Ardha Matsyendrasana* porque, además de trabajar este *chakra*, esta postura masajea los órganos internos, en especial el hígado y los riñones. Según la medicina china, la mayoría de la ira se acumula en el hígado y a causa de rencores y resentimientos se almacenan toxinas en este órgano vital. En definitiva, esta asana alivia los desórdenes nerviosos, aporta calma interior y libera de manera positiva la emoción de la rabia.

1. Ponte de rodillas, sentado/a sobre los talones y con la espalda recta. Deslízate hacia el lado derecho y mantén la pierna derecha doblada, pasa la izquierda encima, apoyando el pie en el suelo junto a la rodilla derecha (la pierna derecha queda cruzada por encima de la izquierda). Apoya el brazo izquierdo atrás en el suelo, firme y estirado, con los dedos mirando hacia atrás.

2. Con una inspiración levanta el brazo derecho bien arriba y con él estira toda la columna vertebral.

3. Gira el torso, los hombros y la cabeza –en este orden– hacia la izquierda mientras colocas el brazo derecho en el costado izquierdo de la rodilla izquierda.

4. Mira por encima del hombro izquierdo. Mantén ahí la postura con varias respiraciones. Aprovecha el efecto palanca que realiza el brazo derecho para profun-

dizar en la postura y abrir el pecho. Puedes cerrar los ojos si lo deseas.

5. Intenta con cada inhalación estirar la columna hacia arriba y con cada exhalación girar más hacia la izquierda. Siente cómo liberas toda la rabia que se ha ido almacenando ahí sin haber sido encauzada.

6. Cuando hayas terminado las respiraciones (puedes empezar por cinco respiraciones e ir aumentando gradualmente hasta diez), inspira y mira hacia delante. Acto seguido exhala mientras deshaces la torsión y el cruce de piernas. Ahora repite lo mismo pero hacia el otro lado.

Marjaryasana

En esta *asana* se imitan los gráciles movimientos de los felinos y por eso se le llama muchas veces «la postura del gato». En esta postura se estira y relaja toda la zona del cuello y la espalda, que son lugares donde tienden a acumularse las tensiones y el estrés. Es una postura muy fácil pero que conviene hacerla con lentitud para recibir todos sus beneficios.

1. Ponte a cuatro patas en el suelo. Las manos deben estar a la anchura de los hombros y estos estar ali-

neados con los codos y las muñecas. Asimismo, las rodillas deben estar a la anchura de las caderas y en su misma línea. Si sientes alguna incomodidad en las rodillas puedes colocar debajo de ellas un cojín.

2. Coloca la columna en una posición neutra y respira suavemente.

3. Inhala lentamente y siente cómo los costados, el abdomen y la columna se alargan. Lleva los omóplatos al centro de la espalda mientras el pecho se dirige hacia el suelo. Dirige la mirada hacia arriba extendiendo bien el cuello. Siente la curva que se crea en la zona lumbar.

4. Exhala ahora lentamente mientras vas arqueando la columna. Dirige la mirada hacia el ombligo y mete el coxis hacia dentro. Siente cómo estás estirando toda la parte posterior de la columna.

5. Cuando hayas exhalado completamente el aire aguanta unos segundos en esta postura.

6. Vuelve a inspirar y deshaz la postura llevando la espalda a la posición neutra de partida. Haz una respiración.

7. Con la siguiente inspiración repite el paso número 3. Continúa esta rutina hasta que hayas hecho cuatro o cinco veces el ciclo completo.

Gyan mudra

Durante miles de años los yoguis han practicado este *mudra* buscando calma y paz. Se forma uniendo la punta del dedo índice con la del pulgar. El resto de los dedos están estirados pero relajados. Se dice que con él se tranquilizan los pensamientos y se aumenta la receptividad.

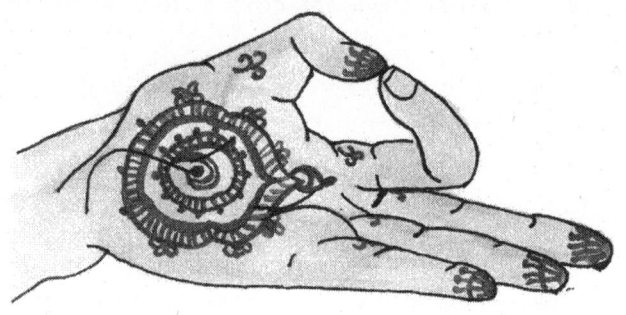

Actividad 1

Respirar

Cuando respiramos profundamente, es fácil sentir lo bueno que es el mundo, lo justo y lo hermoso. Estamos inspirados. Qué trágico es, entonces, que tan pocas personas respiren libremente y bien.

ALEXANDER LOWEN

La rabia, el estrés y la ansiedad incrementan rápidamente el ritmo cardiaco y vuelven agitada y superficial la respiración. Ante el exceso de oxigenación que se produce, el organismo puede reaccionar con sensaciones de ahogo, mareo, visión borrosa, opresión en el pecho, entre muchas otras. En esta actividad vamos a aprender a usar la respiración como una útil herramienta para paliar estos efectos físicos y tranquilizar nuestra mente. Aristóteles decía: «El aire es tu alimento y tu medicamento», apuntando que no solo gracias a la respiración mantenemos nuestro organismo con vida, sino que ella puede darnos lo que el cuerpo físico, emocional y mental está necesitando en este momento. Estos ejercicios son difíciles de realizar en un momento explosivo de rabia si antes no los has trabajado. Por eso es bueno realizarlos como un entrenamiento para tener la experiencia previa y así, cuando lleguen los momentos críticos, tengas el recurso de la respiración ya interiorizado.

1er ejercicio. Observar la respiración

1. Busca un lugar cómodo y tranquilo, donde nadie pueda molestarte ni escuches ruidos que puedan desconcentrarte.

2. Ponte ropa cómoda. Para poder observar bien cómo se mueve el diafragma y dejarle espacio suficiente para que realice su recorrido, necesitas desabrocharte el cinturón y aflojar las prendas de ropa que te estén oprimiendo en esa zona.

3. Siéntate en una silla con la espalda recta pero sin forzar. También puedes tumbarte boca arriba, doblando las rodillas con los pies apoyados en el suelo o estirar las piernas separándolas un poco más que la anchura de las caderas. Si lo necesitas utiliza un almohadón o cojín para poner debajo de las rodillas o de las lumbares. Si no estás adecuadamente abrigado tápate con una manta o chal para no enfriarte.

4. Intenta que ningún músculo esté tenso, incluidos los músculos de la cara. Cierra los ojos o, si lo prefieres, fija la mirada suavemente en algún punto. Siente las partes de tu cuerpo que están en contacto con el suelo o con la silla. Explora cómo se siente tu cuerpo.

5. Observa la respiración de manera neutral: ¿Es lenta o rápida? ¿Es suave y continua o algo alterada e irregular? ¿Es superficial o profunda? ¿Hay suspiros? ¿La contienes a veces? ¿Qué dura más, la inhalación o la exhalación? Este ejercicio de observación te da mucha información para conocer cómo estás en este preciso momento.

6. Ahora pon la palma de tu mano izquierda sobre el abdomen y la derecha encima del pecho. Observa cómo va entrando el aire por toda la cavidad torácica. Siente cómo abdomen y pecho se elevan y expanden suavemente cuando inspiras y cómo caen y se desinflan cuando exhalas. ¿Llega el aire al abdomen o se queda solo en el pecho?

7. No fuerces nada ahora ni te juzgues porque estés teniendo una respiración muy rápida o porque sientas pausas entre inspiración y expiración. Nada de esto importa ahora. Lo único que importa es que observes cómo estás respirando y vivas este momento sin expectativas ni imposiciones.

8. Tampoco te enfades si tu mente se puso a divagar. Esto es algo muy normal pues la mente tiende a soñar, a recordar o a planear cosas. Cuando te des cuenta de que perdiste la atención en la respiración vuelve a ella suavemente. Y así una y otra vez, con mucha paz.

2° ejercicio. La respiración abdominal

Básicamente existen dos tipos de respiración: la torácica y la abdominal, también llamada «diafragmática». En la primera se utiliza la zona superior de los pulmones. Los músculos que la posibilitan, situados en la zona intercostal y clavicular principalmente, necesitan de mucha energía para trabajar. En cambio, en la respiración abdominal es el diafragma el principal músculo responsable del proceso respiratorio. Gracias a esta respiración se consigue llevar gran cantidad de aire a la zona baja de los pulmones, garantizándoles una mejor oxigenación y limpieza y a un menor coste energético. El movimiento del diafragma activa, además, el sistema nervioso parasimpático, relajando así todo el organismo. Aunque la respiración torácica es la que ocurre naturalmente cuando se está haciendo ejercicio y en estados de ansiedad, para facilitarnos una mejor respuesta de huida o lucha, se está volviendo la respiración más frecuente también en estados de reposo, provocando una mala oxigenación de los pulmones y frecuentes contracturas cervicales. Es pues importante reaprender la respiración abdominal y convertirla en nuestra respiración natural así como saber utilizarla voluntariamente cuando necesitemos calmarnos y reducir la ansiedad. De hecho, la respiración abdominal es la base de muchas técnicas de relajación.

1. Continúa en la misma posición. Expulsa ahora completamente el aire de tus pulmones. Puedes exhalar el aire por la boca para cerciorarte de que vaciaste bien los pulmones de aire residual. Automáticamente tendrás la necesidad de inspirar más profundamente.

2. Al inspirar, dirige el aire hacia tu abdomen como si quisieras empujar hacia arriba las manos que están sobre él. Observa bien que es la mano que está sobre el abdomen la que se eleva y no la que está sobre el pecho (esta solo debería elevarse ligeramente al final de la inspiración).

3. Retén unos instantes el aire en tus pulmones y cuando sientas la necesidad de expulsar el aire, hazlo relajando tu vientre. Notarás cómo las manos bajan cuando tu vientre se deshincha.

4. Quédate nuevamente unos instantes con los pulmones vacíos para sentir cómo te vas relajando. En cuanto sientas nuevamente el impulso de inspirar, hazlo profunda y lentamente volviendo a llenar tus pulmones mientras sube tu abdomen.

5. No te preocupes si las primeras veces no te sale bien, confundes entre la zona torácica y la abdominal, o te sientes cansado tras unas cuantas respiraciones. Esto es algo normal e irá desapareciendo con la práctica. Recuerda ante todo no forzar. Cuando dirijas el movimiento del diafragma hazlo con gentileza y que siempre sea un acto placentero.

6. Practica esta respiración todo el tiempo que necesites. Es especialmente recomendable antes de dormir para relajar completamente todo el cuerpo o al despertar para comenzar el día completamente oxigenado. Puedes practicarla también en los momentos libres que te encuentres a lo largo del día, como mientras esperas una cita o estás en la cola del supermercado. Cualquier momento es bueno para aprender a respirar bien.

3er ejercicio. Aumentar la exhalación

En este último ejercicio vamos a realizar una respiración programada donde la exhalación es más larga que la inhalación. Cuando la exhalación es unos segundos más larga que la inhalación, la actividad del sistema nervioso simpático disminuye, lo que ayuda a que todo nuestro cuerpo se tranquilice y entremos en un estado de descanso y relajación.

1. Continúa en la misma posición y vacía completamente los pulmones. A veces cerrar los ojos ayuda a concentrarse completamente en el ejercicio que vas a realizar.

2. Comienza inhalando dos segundos y realiza una breve pausa tras la inspiración (por ejemplo, un segundo). Ahora mismo no pongas tu atención en si la inspiración es abdominal o no. Ya lo incluirás más adelante.

3. Exhala ahora el aire durante cuatro segundos. Ten en cuenta que tiene que ser un proceso fluido, así que trata de ir expulsando el aire uniformemente. Aguanta otra vez la respiración durante un segundo. En esta ocasión no tienes ningún aire en los pulmones y puede que esto te genere cierta ansiedad. Observa esta sensación sin darle mayor importancia.

4. Cuando te sientas cómodo/a con esta respiración empieza añadiendo más segundos a cada una de las partes. Prueba ahora inhalando cuatro segundos, exhalando ocho y aguantando dos o cuatro segundos entre ambas. Sigue aumentando gradualmente el tiempo y analiza cómo te sientes.

5. Cuando lo creas conveniente empieza a incluir la respiración abdominal consciente. Seguramente ya lo estás haciendo pues para hacer inspiraciones y expiraciones largas se necesita usar toda la capacidad pulmonar. Pero hazte consciente plenamente del proceso. Siente también cómo va cambiando tu estado de ánimo con este ejercicio.

Actividad 2

Expresar la rabia a través del arte

El «cómo» de la deformación de sí mismo es el primer paso por el sendero hacia convertirse a sí mismo. Puede ser la rigidez de un miembro del cuerpo, los latidos acelerados del corazón, o alguna incomodidad.

FRITZ PERLS

En la siguiente actividad vamos a gestionar de una manera diferente ese caudal intenso de energía que nos trae la rabia. Es importante crear estrategias para expresar esta emoción puesto que con la rabia solemos situarnos entre dos polos opuestos: o no expresarla para nada, callando nuestro malestar y reprimiendo nuestro sentimiento, o sacarla de manera destructiva explotando y perdiendo el control. Se suele poner el ejemplo de dos especies en la naturaleza, los lobos y los pájaros, para describir la importancia de que una actitud represiva de la rabia termina agravando el problema. Los lobos son animales combativos que desde cachorros se entrenan en el arte del combate y la lucha por el territorio. Cuando en el transcurso de una pelea de lobos adultos el que está perdiendo se tumba y ofrece su cuello al lobo dominante, este cesa inmediatamente su ataque. Han resuelto el problema de la distribución del territorio con apenas daños para los combatientes. Los lobos saben bien cómo expresar la rabia y graduarla en su justa medida. En cambio los pájaros están acostumbrados a huir ante cualquier peligro y tan pronto como aparece un pájaro atacante salen volando. Nunca aprendieron a graduar la ira sino a evitarla completamente. Por eso, cuando se les obliga a pelear en un espacio cerrado, como las peleas de gallos, el combate solo termina con la muerte de uno de los combatientes. En la siguiente actividad vamos pues a realizar una descarga de la rabia, pero una descarga constructiva y no una descarga desbordante que nos llevaría a la destrucción.

1er ejercicio. Pintar mi rabia

A través de esta actividad artística vamos a convertirnos en observadores de lo que nos ocurre. El ejercicio es para realizarlo en un momento en el que estemos sintiendo rabia. Aunque comenzamos sintiendo en nuestra propia piel la emoción de la rabia, poco a poco iremos separándonos de ella, de manera natural, hasta que lleguemos a un punto en que la podamos contemplar desde fuera. A través de esta gradual desidentificación también sentiremos cómo el caudal intenso de energía va bajando. ¿Preparado?

1. Lo primero que tenemos que hacer es encontrar un lugar relajante, donde podamos sentarnos cómodamente y disponernos a pasar tiempo con nosotros mismos.

2. Prepara el espacio con distintos tipos de materiales artísticos: materiales que te puedan permitir amasar y moldear (plastilina, arcilla, harina, agua); materiales con los que pintar (témpera, acuarela, rotuladores, ceras...); distintos tipos de papeles (finos, gruesos, de periódico, de cocina....); otros materiales como hilos, lanas, hojas de árboles, flores, piedras, semillas, azúcar... ¡Coge todo lo que se te ocurra!

3. Cierra un momento los ojos antes de empezar y respira bien hondo. Si necesitas grita o aprieta algo bien

fuerte –como una almohada o una toalla–. El objetivo de esto es sacar el exceso de energía que tienes y que todavía no te deja empezar a construir. Solo cuando te sientas más liberado estarás preparado para explorar la emoción.

4. Cierra los ojos y localiza dónde sientes la emoción del enojo en tu cuerpo. ¿Es en el estómago, en el cuello, en los brazos? ¿En las piernas, en la garganta, en algún órgano interno? ¿Es en una zona o en varias? ¿Cómo es su intensidad? ¿Cuál es su temperatura? Deja que el cuerpo te responda y no atiendas a lo que te dice la mente.

5. Explora ahora qué forma sientes que tiene esa energía. ¿Es gruesa, plana? ¿Cómo es por dentro: es suave, áspera, grumosa? ¿Tiene una forma concreta: círculo, cuadrado, gota...? Cuando puedas ver mentalmente esa forma abre los ojos y empieza la creación.

6. Dibuja primero en un papel esa zona del cuerpo donde principalmente sientes la rabia y, después, dale una forma, tal y como la habías visualizado mientras tenías los ojos cerrados. Ve prestando atención a lo que te va sucediendo mientras vas creando. ¿Cómo dibujas las líneas? ¿Cuál es la intensidad del trazo?

7. El paso siguiente es darle un color a la energía que estás sintiendo. No tiene por qué ser un único color sino que puedes trabajar con distintas combinaciones de colores. Puede que hayas dibujado distintas formas y a cada una le asignes colores distintos. Trata de que no sea un proceso racional sino que te dejes llevar por lo que sientes.

8. Ahora dale textura usando para ello los materiales que has puesto a tu disposición. Escoge aquellos

que más se ajusten a la emoción. Por ejemplo, si tienes una sensación áspera puedes usar papel de lija, y si lo que sientes es confusión puedes usar lana enrollada. Recuerda no juzgar lo que sientes ni la manera en que estás realizando esta actividad. También recuerda que el objetivo no es hacer una obra artística ni bella, sino explorar la emoción de la rabia que estamos viviendo con distintos recursos.

9. Cuando hayas terminado tu dibujo obsérvate. ¿Cómo te sientes? ¿Sientes que has ido canalizando la energía de la rabia? ¿Crees que en cierto modo te has ido desidentificando de ella? ¿Qué sientes al contemplar tu obra? Recuerda que sientas lo que sientas está bien.

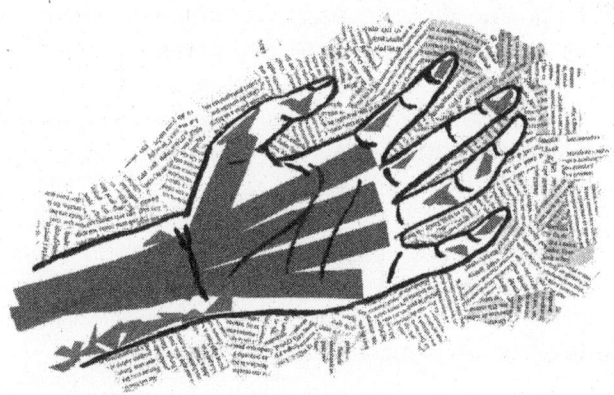

2° ejercicio. Poner mis límites

La rabia surge cuando alguna parte de lo que consideramos nuestro territorio ha sido violado, ya sea por otra persona o por nosotros mismos. Muchas veces esto ocurre porque no hemos sabido marcar bien sus fronteras. Establecer límites claros permite ubicar al otro en su trato conmigo y señalarle dónde su presencia comienza a ser una invasión. Los límites físicos son obvios y están definidos por la piel. Si, por cualquier herida, este límite se traspasa, necesitamos tomar las medidas adecuadas para no contraer una infección. Lo mismo ocurre con los límites emocionales. Aunque menos evidentes que los físicos, si resultan violados necesitamos tomar medidas para no contraer una «infección emocional».

En esta actividad vamos a tratar de ser conscientes de nuestros propios límites para poder indicárselos a los demás. Normalmente se suele respetar aquellos límites que están señalizados, pero siempre hay que recordar que no podemos influir en las reacciones de los demás. Sin embargo, sí podemos alejarnos de aquellas situaciones que consideremos invasivas o dañinas y permanecer en aquellas que nos generan bienestar y respeto. Recuerda siempre que eres el responsable de tu cuerpo físico y emocional. Así que declara bien alto aquello que decía Mahatma Gandhi: «No permitiré que nadie camine en mi mente con los pies sucios».

1. Sigue los pasos 1 y 2 del ejercicio anterior. Esta actividad puede realizarse en cualquier momento, es decir, no necesitas estar sintiendo la emoción de la rabia como en el ejercicio anterior.

2. Mientras continúas con los ojos cerrados pon tu atención en los límites de tu cuerpo. Trata de sentir físicamente el lugar que ocupa tu forma y tu volumen en el espacio. Visualiza tu piel como la demarcadora de ese territorio. ¿Qué sientes a través de ella: frío, calor, hormigueo, la brisa del viento en la piel de la cara, el suelo compacto y duro en la piel de los pies, la suavidad de una prenda de ropa en la cin-

tura...? ¿Podrías establecer con nitidez donde termina tu cuerpo y empieza lo demás?

3. Abre los ojos y trata de dibujar en un papel la silueta de tu cuerpo entero. No te dejes guiar tanto por el recuerdo de lo que normalmente ves en el espejo o en una fotografía sino más bien por lo que has sentido durante el paso previo.

4. Cuanto más grande sea el papel que uses en este dibujo, mejor. Para trazar la silueta puedes usar cualquier material: lápices, bolígrafos, acuarelas... Un material muy interesante es mezclar polvos de café con agua o, mejor aún, usar los posos de café. El resultado es una textura casi porosa como la que tiene la piel. Esto es solo una sugerencia, puesto que lo importante es que escojas aquel material y color(es) que te «pida el cuerpo».

5. Una vez tengas trazada tu silueta escribe dentro de ella todas aquellas cosas que quieres respetar dentro de ti. Anota todo aquello a lo que necesitas poner atención para cuidarte a ti mismo, esas cosas que para ti son importantes pero que a veces tú mismo las transgredes. Ejemplo: «Alimentarme adecuadamente». «Respetar mis ritmos». «Abrazar mis emociones». «Darme permiso para equivocarme». Es importante que estas frases se escriban en forma positiva de tal forma que si el ejemplo que viene a la mente es «no ir acelerado y con prisas» la expresemos como «dedicar tiempo a escucharme y meditar» o «prestar atención a cada momento».

6. El dicho de «una imagen vale más que mil palabras» es muy cierto cuando queremos dar a nuestra mente (consciente e inconsciente) mensajes

contundentes. Por eso si puedes simbolizar en imágenes aquello que quieres respetarte mucho mejor. Puedes dibujar las imágenes que te surjan o también puedes recortar fotografías que aparezcan en revistas y que simbolicen lo que quieres decir y pegarlas a modo de collage dentro de la silueta. Por ejemplo, una figura en posición de loto puede sustituir la frase de «dedicar tiempo a escucharme y meditar» y la fotografía de una saludable manzana, simbolizar la frase de «alimentarme adecuadamente».

7. Ahora escribe (o dibuja, si lo prefieres) fuera de la silueta todas aquellas cosas en las que tiendes a dejarte invadir por otras personas y que necesitas poner un límite claro. Ejemplo: «Necesito que me hables sin gritar», «necesito que no me interrumpas cuando hablo», «necesito que respetes mi espacio»...

8. Cuando hayas terminado tu dibujo obsérvate. ¿Cómo te sientes? ¿Cómo crees que te sentirías si tú respetases todo lo que dibujaste dentro de la silueta? ¿Cómo te sentirías si los demás respetasen todo lo que has escrito fuera de la silueta? Si sueles tener bastantes problemas en delimitar tu territorio y te gustaría trabajar en ello puedes hacer la rutina de mirar unos segundos tu dibujo todos los días nada más despertarte. Esto te ayudará a ser consciente de los límites que quieres respetar a lo largo del día.

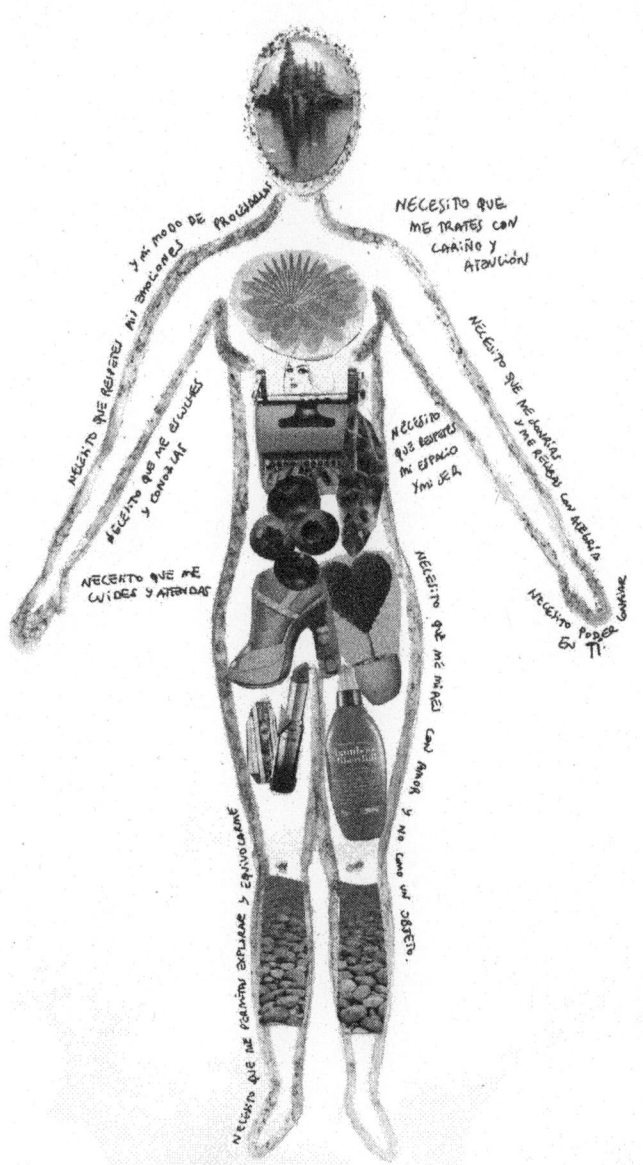

3

La tristeza

La tristeza es la emoción que nos ayuda a desprendernos de aquello que tuvimos y perdimos (o nunca tuvimos y seguimos añorando). Solemos tratar de evitarla porque nos causa una sensación de desasosiego y vacío, nos sentimos decaídos y desmotivados y experimentamos dolor. Sin embargo, esta emoción nos lleva a contactar con nosotros mismos (tiene, como el miedo, un movimiento centrípeto), a mirar en nuestro interior y, dejando a un lado lo que sucede en el exterior, darnos ese espacio necesario para asimilar lo que ha ocurrido y adaptarnos a la nueva realidad. El ánimo está muy decaído, el cuerpo se experimenta pesado y lento y la mente se llena de pensamientos oscuros. Se puede sentir dolor en el pecho o en el corazón y la sensación de respirar con dificultad. A veces la dejadez invade a toda la persona y esta no tiene ni ganas de comer.

El impacto que deja en nuestro cuerpo es tan fuerte que, si la dejamos estar más tiempo del necesario, se puede convertir en un problema: los órganos empiezan a perder vigor, el cuerpo se deteriora y el sistema de defensa baja drásticamente. Si nos envolvemos en la tristeza, esta puede convertirse en depresión, en un trastorno del estado de ánimo donde nos sentimos perpetuamente decaídos, irritables, impotentes e incapaces de disfrutar de las cosas que ofrece la vida. Por eso el escritor francés Gustave Flaubert, alertaba: «Cuidado con la tristeza. Es un vicio». Y un proverbio chino reza: «No puedes evitar que el pájaro de la tristeza vuele sobre tu cabeza, pero sí puedes evitar que anide en tu cabellera».

Sin embargo, también podemos generarnos muchos problemas si no nos permitimos sentir la tristeza o queremos sacarla fuera antes de tiempo. Ya lo sabemos, las emociones que se quedan atrapadas en nuestro interior desembocan en enfermedades. Por eso debemos darnos permiso y tiempo para vivir el dolor de una despedida, de la pérdida de un ser querido o de cualquier tipo de cierre. Solo así podremos recuperarnos de aquello que nos provocó la tristeza y permitirnos dar espacio a lo nuevo que está por llegar. Es muy importante poder desahogarse, bien hablando, bien llorando. Y es que a través del llanto se libera la emoción de la tristeza y se consigue aliviar el peso que parece que uno carga dentro.

Y entonces se dio cuenta que su cuerpo era demasiado frágil para soportar el peso que llevaba. Si las lágrimas podían escapar, ella también lo haría. Quiso volar con ellas. Evaporarse. Llegar a algún lugar muy lejano ... Cerró los ojos, sintió el viento en la cara, dejó caer unas últimas lágrimas, puso los pies en puntillas, respiró hondo y...

—Deja que se vayan, Lucía —dijo la abuela desde algún lugar.

—¿Quiénes?

—¡Las lágrimas! A veces parece que son tantas que sientes que te vas a ahogar con ellas, pero no es así.

—¿Crees que un día dejarán de salir?

—¡Claro! —respondió la abuela con una sonrisa dulce—. Las lágrimas no se quedan demasiado tiempo, cumplen su trabajo y luego siguen su camino.

—¿Y qué trabajo cumplen?

—¡Son agua, Lucía! Limpian, aclaran... Como la lluvia. Todo se ve distinto después de la lluvia.

(Extracto de *La lluvia sabe por qué*
de MARÍA FERNANDA HEREDIA)

Las causas que provocan la emoción de la tristeza pueden ser externas, algo que nos ha ocurrido en la vida (la muerte de un ser querido, la pérdida de un amor, quedarse sin empleo y sin recursos económicos, una enfermedad, no lograr aquello que tanto deseamos...); pero también puede nacer de nuestro interior, como cuando, a pesar de tener dinero y salud, tenemos sensación de insatisfacción y vacío interior, o como cuando hemos perdido la esperanza y la fe. El recuerdo de tiempos pasados que no volverán nos genera melancolía, echar de menos a la familia y a los amigos nos provoca añoranza y la falta de relaciones personales fecundas nos envuelve en soledad. No importa cuál sea la causa que haya originado la tristeza, la sensación que siempre aporta es la de no sentirnos realizados o completos a pesar de lo que sí tenemos y de lo que somos. Dándole el lugar que la tristeza demanda, podremos reparar las pérdidas, aprender de lo vivido y permitirnos dar espacio a lo nuevo.

Para reflexionar

¿Cómo siento la tristeza? ¿En qué parte del cuerpo la identifico? ¿Cómo se expresa en mi ánimo y en mi rutina?

¿Me permito llorar o lo considero signo de debilidad? ¿Acepto la emoción de la tristeza en mi o, por el contrario, la escondo para que los demás no me vean así?

¿Cómo trato de desahogarme? ¿Cuento con alguna persona para hablar sobre lo que me sucede o realizo alguna actividad como escribir o escuchar música para sentirme acompañada/o?

¿De dónde viene esta tristeza? ¿Qué siento que estoy perdiendo? ¿Por qué me siento insatisfecho/a?

¿Me doy el espacio necesario para vivir la tristeza? ¿Me doy tiempo para asimilar lo que me ha pasado y adaptarme a la nueva realidad o procuro sacarla fuera antes de tiempo?

¿Qué me está tratando de decir esta tristeza? ¿Cómo quiere ayudarme?

¿Me engancho a la emoción de la tristeza? ¿Puedo pasarme largas temporadas con el ánimo decaído y una sensación de infelicidad e impotencia?

Para aliviar la tristeza es bueno aprender a dejarse acompañar. Compartir el dolor, expresar la sensación de vacío ante la pérdida y hablarlo con otras personas ayuda a integrar la pérdida en un discurso, a darle la forma que necesita para dejar un espacio a lo que tiene que venir. Pero además de buscar compañía también puedo contármelo a mi mismo. Por eso una de las cosas a las que invita la tristeza es a escribir. Exploraremos pues la técnica de la escritura en los materiales dedicados a la tristeza. Además, buscaremos centrar la atención en el momento presente con actividades del *mindfulness* con el objetivo de reconectar con nosotros mismos y con la vida, algo que puede perderse cuando se recorre el camino de la tristeza. También hemos seleccionado textos literarios que hablan de su importante función o de que nunca podemos determinar con seguridad y bajo nuestra limitada perspectiva si lo que nos acontece es algo malo o bueno; así como obras de arte que son ejemplo de fortaleza ante el sufrimiento, o de la aceptación, tras un largo proceso de duelo, de la muerte de un ser querido.

«Cartas a un joven poeta»

Quiero volver a hablarle un rato, querido señor Kappus, aunque yo casi nada sepa decirle que pueda procurarle algún alivio. Ni siquiera algo que alcance a serle útil. Usted ha tenido muchas y grandes tristezas, que ya pasaron, y me dice que incluso el paso de esas tristezas fue para usted duro y motivo de desazón. Pero yo le ruego que considere si ellas no han pasado más bien por en medio de su vida misma. Si en usted no se transformaron muchas cosas. Y si, mientras estaba triste, no cambió en alguna parte –en cualquier parte– de su ser. Malas y peligrosas son tan solo aquellas tristezas que uno lleva entre la gente para sofocarlas. Cual enfermedades tratadas de manera superficial y torpe suelen eclipsarse para reaparecer tras breve pausa, y hacen erupción con mayor violencia. Se acumulan dentro del alma y son vida. Pero vida no vivida, despreciada, perdida, por cuya causa se puede llegar a morir.

Si nos fuese posible ver más allá de cuanto alcanza y abarca nuestro saber, y hasta un poco más allá de las avanzadillas de nuestro sentir, tal vez sobrellevaríamos entonces nuestras tristezas más confiadamente que nuestras alegrías. Pues son esos los momentos en que algo nuevo, algo desconocido, entra en nosotros. Nuestros sentidos enmudecen, encogidos, espantados. Todo en nosotros se repliega. Surge una pausa llena de silencio, y lo nuevo, que nadie conoce, se alza en medio de todo ello y calla...

[...]

No debe, pues, azorarse, querido señor Kappus, cuando una tristeza se alce ante usted, tan grande como nunca vista. Ni cuando alguna inquietud pase cual reflejo de luz, o como sombra de nubes sobre sus manos y por sobre todo su proceder. Ha de pensar más bien que algo acontece en usted. Que la vida no le ha olvidado. Que ella le tiene entre sus manos y no lo dejará caer. ¿Por qué quiere excluir de su vida toda inquietud, toda pena, toda tristeza, ignorando –como lo ignora– cuánto laboran y obran en usted tales estados de ánimo? ¿Por qué quiere perseguirse a sí mismo, preguntándose de dónde podrá venir todo eso y a dónde irá a parar? ¡Bien sabe usted que se halla en continua transición y que nada desearía tanto como transformarse! Si algo de lo que en usted sucede es enfermizo, tenga en cuenta que la enfermedad es el medio por el cual un organismo se libra de algo extraño. En tal caso, no hay más que ayudarle a estar enfermo. A poseer y dominar toda su enfermedad, facilitando su erupción, pues en ello consiste su progreso. ¡En usted, querido señor Kappus, suceden ahora tantas cosas!... Debe tener paciencia como un enfermo y confianza como un convaleciente. Pues quizá sea usted lo uno y lo otro a la vez. Aún más: es usted también el médico que ha de vigilarse a sí mismo. Pero hay en toda enfermedad muchos días en que el médico nada puede hacer sino esperar. Esto, sobre todo, es lo que usted debe hacer ahora, mientras actúe como su propio médico.

No se observe demasiado a sí mismo. Ni saque prematuras conclusiones de cuanto le suceda. Deje simplemente que todo acontezca como quiera. De otra suerte, harto fácilmente incurriría en considerar con ánimo lleno de reproches a su propio pasado; que, desde luego, tiene su parte en todo cuanto ahora le ocurra. [...]

Si he de decirle algo más, es esto: no crea que quien ahora está tratando de aliviarlo viva descansado, sin trabajo ni pena, entre las palabras llanas y calmosas que a veces lo confortan a usted. También él tiene una vida llena de fatigas y de tristezas, que se queda muy por debajo de esas palabras. De no ser así, no habría podido hallarlas nunca...

RAINER MARIA RILKE
carta número 8, Borgeby Gard, Fladie,
el 12 de agosto de 1904

Rilke le da a Kappus dos palabras fundamentales para consolar su tristeza. La primera es «esperar». La vivencia de esta emoción es un periodo para volver la mirada a nuestro interior, para replegarnos y entregarnos al silencio en la espera de lo nuevo. Rilke insiste en que este espacio es muy necesario puesto que lo que no se trabaja, lo que no se gestiona ni aporta sabiduría, vuelve a acontecer y generalmente de manera aún más intensa (reaparece «tras breve pausa, y hace erupción con mayor violencia»). Reprimir la tristeza solo agrava el sentimiento de dolor y solo pospone un trabajo que en algún momento se tendrá que dar. Paciencia y confianza son los mejores compañeros de esta espera.

La segunda palabra clave que da es la de «transformación», algo que, para el escritor, no solo forma parte de la vida sino que es enteramente deseable. Rilke le invita a hacer memoria y analizar si los momentos tristes pasados fueron ocasión de que ocurrieran muchas transformaciones, especialmente en su ser. Le asegura que ahora mismo están sucediendo muchas cosas en su interior y que lo que puede aparentar enfermizo y poco deseable solo sucede porque «la enfermedad es el medio por el cual un organismo se libra de algo extraño». La tristeza está constantemente presente en nuestra vida puesto que de manera progresiva van ocurriendo pérdidas y sucediendo cambios en el transcurso de nuestra existencia. Esta emoción es necesaria para poder vivir y afrontar los nuevos retos. Por ello hay que transitarla, en silencio y en espera confiada: «Es importante permanecer solitario y alerta cuando se está triste», «cuanto más callados, cuanto más pacientes y sinceros sepamos ser en nuestras tristezas, tanto más profunda y resueltamente se adentra lo nuevo en nosotros».

Rilke sabe bien qué se siente al estar triste. En otro momento de la epístola escribe: «Nos vemos privados de todos los puntos de referencia en que solía descansar nuestra vista. Ya no hay nada cercano. Y todo lo que es lejano está infinitamente lejos». Y también: «Le parecería estar cayendo, o se creería lanzado al espacio, o bien estallando en mil pedazos». No hay duda de que conoce bien esta emoción, ya que él también tiene, como confiesa al final de la carta, «una vida llena de fatigas y de tristezas». Pero justamente por ello puede encontrar palabras de consuelo para Kappus. Y es que, en el fondo, la tristeza nos vuelve más humanos, nos hace más sensibles a las desgracias y desarrollamos una cualidad muy importante: la de la empatía. Otro regalo más de esta emoción que tanto reprimimos y tratamos de evitar.

Para reflexionar

¿Me dejo acompañar por otros cuando siento tristeza? ¿Qué palabras me consuelan más? ¿Me alientan estas que Rilke escribe a Kappus?

¿Cómo acompaño a los otros cuando viven la tristeza? ¿Les permito estar tristes o les fuerzo a que sonrían y olviden sus penas? ¿Cómo trato de consolarles?

¿Me esfuerzo por reprimir mi propia tristeza o la trato de manera superficial? ¿Le doy el espacio que merece?

¿Soy paciente y confiado/a en estos momentos de espera? ¿Tengo fe en que «la vida no me ha olvidado y me tiene entre sus manos y no me dejará caer»? ¿O me autorreprocho por lo que hice en el pasado y me quejo de lo que estoy viviendo en mi presente? ¿Confío en el propio proceso y «dejo simplemente que todo acontezca como quiera»?

¿Soy consciente de que durante el periodo de tristeza ocurren importantes transformaciones? ¿Qué cosas nuevas y desconocidas «entran en nosotros»? ¿Qué transformaciones personales he vivido gracias a los periodos de tristeza? ¿Me he vuelto más humano y sensible?

Cada lágrima enseña a los hombres una verdad.

PLATÓN

«¿Buena suerte? ¿Mala suerte? ¿Quién sabe?»

Una historia china habla de un anciano labrador que tenía un viejo caballo para cultivar sus campos. Un día, el caballo escapó a las montañas. Cuando los vecinos del anciano labrador se acercaban para condolerse con él, y lamentar su desgracia, el labrador les replicó:

—¿Mala suerte? ¿Buena suerte? ¿Quién sabe?

Una semana después, el caballo volvió de las montañas trayendo consigo una manada de caballos. Entonces los vecinos felicitaron al labrador por su buena suerte. Este les respondió:

—¿Buena suerte? ¿Mala suerte? ¿Quién sabe?

Cuando el hijo del labrador intentó domar uno de aquellos caballos salvajes, cayó y se rompió una pierna. Todo el mundo consideró esto como una desgracia. No así el labrador, quien se limitó a decir:

—¿Mala suerte? ¿Buena suerte? ¿Quién sabe?

Una semana más tarde, el ejército entró en el poblado y fueron reclutados todos los jóvenes que se encontraban en buenas condiciones. Cuando vieron al hijo del labrador con la pierna rota le dejaron tranquilo. ¿Había sido buena suerte? ¿Mala suerte? ¿Quién sabe?

Todo lo que a primera vista parece un contratiempo puede ser un disfraz del bien. Y lo que parece bueno a primera vista puede ser realmente dañoso. Así, pues, será postura sabia que dejemos a Dios decidir lo que es buena suerte y mala y le agradezcamos que todas las cosas se conviertan en bien para los que le aman.

Sadhana, un camino de oración
ANTHONY DE MELLO

A veces la tristeza nace de una falseada visión donde existe lo perfecto y lo imperfecto. Nos parece injusto o mala suerte lo que nos ocurre en nuestra vida, especialmente cuando lo comparamos con la buena suerte que parecen tener los demás. Ya sabemos, como dice el refranero, que «el césped siempre parece más verde al otro lado de la valla». Pero, más allá de la comparación con el otro, existe la comparación con el ideal de perfección que tenemos en la mente. Descartamos entonces lo que no se ajusta a ese ideal, censurando y evitando todo lo que aparentan ser desgracias, problemas e imperfecciones. Esta historia nos muestra cómo nuestra limitada visión es incapaz de saber realmente qué constituye lo bueno y lo malo en nuestra vida. Lo que a ojos de todos puede parecer mala suerte, como la pérdida de un caballo o la ruptura de una pierna, puede encerrar grandes bendiciones. Lo contrario también es cierto. Por eso, cuando la tristeza nos ahoga y la pérdida parece insufrible, es bueno recordar que el desencuentro no solo lleva de su mano grandes lecciones, sino que tal vez –seguramente– sea lo mejor que nos puede pasar.

Para reflexionar

¿Tengo en mi mente un ideal de perfección sobre cómo tiene que ser mi vida, mis relaciones o mi cuerpo y me entristezco si lo que tengo no se corresponde con ese ideal?

¿Han ocurrido en mi vida alguna vez eventos que a priori parecían mala suerte pero luego se trataba de algo positivo? ¿Y cosas que a primera vista eran buenas pero resultaron ser dañosas?

¿Confío en un dios (fuente de vida, energía del universo...) que guía nuestra vida y sabe mejor que yo qué acontecimientos serán beneficiosos para mi y traerán crecimiento espiritual? ¿Creo que incluso los hechos dolorosos y desconcertantes tienen un porqué?

Deje que la vida le acontezca.
Créame: la vida tiene razón en todos los casos.

RAINER MARIA RILKE

«La columna rota»

1944. Frida Kahlo

Este autorretrato de Frida Kalho sirve de testimonio del dolor físico y emocional que tuvo que sufrir la artista mexicana durante casi toda su vida. Frida aprendió a la temprana edad de 6 años lo que es el dolor al contraer polio y tener que quedarse más de medio año postrada en la cama. A los 18 años sufrió un trágico accidente de autobús que le dejaría innumerables secuelas físicas (triple fractura de la columna vertebral, fractura de clavícula, costillas y pelvis, perforación de abdomen y vagina, once fracturas en la pierna derecha....) y una constante serie de operaciones quirúrgicas. Cuando pintó este cuadro, en 1944, acababa de ser operada de la columna vertebral y para sujetarla debía llevar un corsé de acero. Todo en el cuadro indica dolor: la columna jónica completamente fragmentada representando su columna, los clavos que atraviesan su cara y su cuerpo, la dramática abertura en el cuerpo que lo divide de par en par, el paisaje accidentado y árido bajo un cielo tormentoso, y, cómo no, las lágrimas de color blanco que resbalan por su rostro. Algunos críticos comentan que sus pechos llenos de clavos aluden a su maternidad frustrada (la artista sufrió varios abortos). Un clavo especialmente grande le penetra el corazón indicando el sufrimiento emocional por su matrimonio con Diego Rivera, una relación turbulenta y llena de infidelidades que hizo que alguna vez Frida se refiriera a su marido como su «segundo accidente».

Todo en este cuadro denota sufrimiento. Sin embargo, su rostro no tiene ninguna expresión de dolor. La figura femenina mira al espectador directamente a los ojos y parece decirle que está determinada a afrontar lo sucedido y que a pesar de todo se aferrará a la vida. Lo terrible que le está ocurriendo a su cuerpo contrasta con la fortaleza que emana de él, especialmente de la mirada. Ante la angustia de un amigo suyo al contemplar este autorretrato, Frida le señaló: «Tienes que reírte de la vida... Mira los ojos muy de cerca... las pupilas son palomas de la paz. Esta es mi bromita sobre el dolor y el sufrimiento...». De cierta manera, la obra de Frida Kalho muestra lo mismo que la famosa historia de las dos flechas de Buda. Una cosa es la primera flecha del dolor, que nos dispara inevitablemente la vida, y otra distinta es la segunda flecha del sufrimiento, que depende enteramente de nosotros.

Buda enseñó a sus discípulos la metáfora de las dos flechas. La primera flecha representa las cosas inevitables de la vida: el dolor, la pérdida, la enfermedad y la certeza de la muerte. Esta flecha es inevitable, e inevitablemente se clavará en la diana que somos todos los seres vivos. La segunda flecha, en cambio, es la que nos disparamos a nosotros mismos, creándonos una herida autoinfligida que muchas veces es mayor que la primera. La causa de esta herida son los cuentos que nos cuenta la mente, todas las formas en que la mente complica nuestro sufrimiento por medio de su relación con lo que está ocurriendo.

Adaptado de KOZAK, ARNOLD (2011). *¡Está asqueroso!... Dame más.* 108 metáforas para la conciencia plena. Madrid: Alianza Editorial. págs. 138 - 139.

Para reflexionar

¿Qué parte del sufrimiento que estoy experimentando se debe a la situación en sí misma y qué parte a la historia que me cuento en torno a esa misma situación?

¿Me resisto a veces a ver la realidad o a aceptar lo que me ocurre? ¿Me tomo de forma personal desgracias cotidianas de la vida? ¿Me autorreprocho constantemente exigiéndome en cierta forma ser perfecto/a?

¿Trato de esquivar las «segundas flechas» que me lanza la mente? ¿Cuán libre es la forma en que respondo a las cosas que me suceden?

¿Siento cierto apego al sufrimiento? ¿Me autocompadezco? ¿Creo que si sufro y soy víctima, conseguiré el amor y la protección de los demás? ¿Me impido sanar y avanzar en la vida?

¿Expreso mi sufrimiento para dejarlo marchar? ¿O lo guardo adentro para que nadie, ni yo misma/o, lo vea? ¿Me atrevo a mirarme enteramente con mis heridas y mis clavos?

Amurallar el sufrimiento es permitir que te devore desde el interior .

FRIDA KALHO

«Taj Mahal»

Agra (India). 1631-1648.
Patrimonio de la Humanidad por la Unesco.

El Taj Mahal, considerado una de las maravillas del mundo moderno, es uno de los edificios que mejor representa la tristeza por una dolorosa pérdida. No en vano, Rabindranath Tagore se refería a él como «una lágrima en la mejilla del tiempo». Este complejo arquitectónico erigido a orillas del río Yamuna es en el fondo un mausoleo que el emperador mogol Shah Jahan construyó para su esposa favorita, la bella Arjumand, a la que él llamaba Mumtaz Mahal («la elegida del palacio») y que murió al dar a luz a su décimo cuarta hija. Se cuenta que el emperador quedó tan desconsolado por la muerte de su amada que su cabello se volvió gris de la noche a la mañana. Su manera de honrarla fue construyendo este hermoso mausoleo al que dio el nombre de su esposa: Taj Mahal. Años después, encarcelado por su propio hijo en la fortaleza de Agra, contemplaba desde sus aposentos la tumba de su mujer. Se dice que así murió, mirando el Taj Mahal a través de un espejo que mandó poner en el lecho de su muerte.

Elisabeth Kübler–Ross, en su estudio con enfermos terminales, habla de 5 etapas del proceso de duelo que bien puede equipararse con las etapas que transita una persona que se duele por la muerte de un ser querido o incluso por una separación amorosa. La primera etapa es la de la negación. Se trata de una defensa temporal en la que el individuo se repite frases como: «Esto no me puede estar pasando» o «esto no estaba previsto». Le sigue una etapa de ira, donde la persona ya no niega el suceso. Ve claramente que el evento ocurrió pero este le genera ira: «¿Por qué a mi? No es justo». La siguiente etapa que Kübler–Ross observa en los enfermos terminales es la de la negociación. La persona tiene la esperanza de poder posponer la muerte y pide: «Haría lo que fuera por un año más» o «deja tan solo que vea a mis hijos casarse». Le sigue un periodo de depresión donde el individuo se vuelve silencioso y retraído. Ha entendido la seguridad de lo que está ocurriendo y se pregunta: «¿Por qué seguir? ¿Para qué hacer algo si no tiene sentido?». El último paso supone el fin de la lucha contra la muerte. Es la etapa de la aceptación, donde uno se prepara para el final y consigue alcanzar la paz.

El Taj Mahal manifiesta lo que ocurre en esta última etapa del proceso de duelo. La simetría por la que se rige todo el complejo de edificios y jardines así como el edificio principal, nos transmite una sensación de orden y de paz. La superficie del agua refleja los edificios, produciendo un efecto adicional de simetría y mostrando simbólicamente que cuando el agua (la mente) está en calma puede reflejar la belleza, no así cuando está agitada, que «puede tener el paraíso en frente y no lo refleja» (David Fischman). Toda turbulencia emocional ha quedado atrás y se acoge el trágico suceso con aceptación. El blanco que irradia de las paredes de mármol aporta pureza y paz. Este color alivia la sensación de desesperación y aclara la mente, por eso en India es color funerario. El Taj Mahal no solo es un monumento al amor que consigue vencer los límites del tiempo, sino que es muestra de la aceptación pacífica del dolor y ejemplo de la tristeza transitada y convertida en obra de arte.

Para reflexionar

¿He vivido algún duelo especialmente difícil como la muerte de un familiar, de un amigo muy cercano o de mi pareja? ¿He sufrido una ruptura amorosa o un divorcio?

¿Cómo he vivido ese duelo? ¿Me he enganchado en alguna de las etapas: negación / ira / negociación /depresión ? ¿He conseguido alcanzar cierta aceptación ante lo ocurrido? ¿Qué palabras o acciones me ayudan a vivir con más paz cada una de las etapas?

¿He acompañado a una persona que vivía un duelo? ¿Le he respetado sus ritmos y etapas? ¿Cómo he tratado de consolar a esa persona?

La muerte no es apagar la luz,
sino apagar la lámpara porque ha llegado el alba.

TAGORE

Afirmaciones

- Me siento completo/a con lo que tengo y lo que soy.
- Me permito llorar y ser vulnerable.
- Vivo la espera a la que me llama la tristeza con paciencia y confianza.
- Me despido de lo que desapareció con paz y gratitud.
- Me abro a los procesos de transformación a los que me invita la vida.
- Acepto las cosas tal y como vienen pues no puedo saber qué es buena suerte o mala suerte.
- No escucho a mis pensamientos destructivos y negativos
- Abrazo mi herida.
- Me libero del sufrimiento que depende de mi.
- Elijo amarme y aprobarme en el presente.
- Disfruto cada momento del día.
- Vivo con plenitud el presente.
- Aprendo con cada suceso que me ocurre en la vida.

Cuerpo

Extensión de pecho

La emoción de la tristeza se localiza en el pecho. La medicina china dice que afecta a los pulmones y al corazón y los yoguis aseguran que influye en el cuarto *chakra*, localizado en el corazón. No hay duda de que cuando estamos tristes no solo bajamos la cabeza sino que también arqueamos la espalda y encogemos el pecho. Para contrarrestar la postura cerrada que acompaña al desánimo necesitamos abrir y extender la caja torácica. Estos ejercicios nos van a ayudar a ello.

*Apertura suave del pecho

1. Busca un lugar cómodo donde puedas tumbarte. Cuida que la temperatura ambiente sea agradable y abrígate si lo crees necesario.

2. Enrolla una toalla y colócala a lo largo de una manta o alfombra. Siéntate en un extremo de la toalla y ve apoyando vértebra a vértebra toda tu columna en la toalla hasta que toda ella descanse encima de la toalla, desde el coxis hasta la coronilla.

3. Estira los brazos a ambos lados del cuerpo o en forma de T. Las piernas pueden estar dobladas o estiradas. También puedes ayudarte de un cojín y colocarlo debajo de las rodillas para estar más cómodo o debajo de la cabeza si la sientes demasiado inclinada.

4. Permanece en esta postura de 5 a 20 minutos. Cierra los ojos y explora todas las sensaciones que percibas en la espalda y el pecho. Siente cómo poco a poco este se va abriendo. Si sientes cierta presión en algún

momento, ayúdate de la respiración para tranquilizarte.

5. Al terminar, gira todo tu cuerpo hacia un lado y levanta tu torso sin forzar la espalda. Puedes ayudarte apoyando una mano en el suelo.

6. Repite este ejercicio cada día. Un buen momento para realizarlo es bien temprano por la mañana o cuando cae el sol, antes de ir a dormir.

Matsyasana

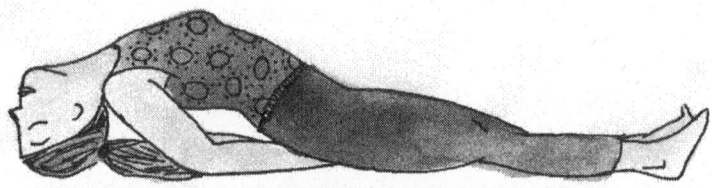

1. *Matsyasana asana*, «la postura del pez», proporciona una apertura más intensa del pecho y el corazón. Ten siempre mucho cuidado y si observas malestar en el cuerpo o cierto mareo vuelve a la postura de partida.

2. Túmbate boca arriba con las piernas estiradas y los pies juntos. Coloca las palmas de las manos hacia abajo bajo los glúteos y los codos tan juntos como sea posible.

3. Estira las piernas y siente bien el coxis en el suelo. Lleva los hombros hacia el suelo juntando los omóplatos debajo de la espalda y levantando bien el pecho del suelo. Apóyate en el suelo con los codos.

4. Baja la cabeza, que se ha elevado en este proceso, hasta colocar la parte superior de ella suavemente

en el suelo. Trata de mantener el cuello extendido sin que sienta una gran compresión.

5. Mantén esta postura de 10 a 30 segundos.

6. Para deshacer la postura, inspira y presiona con los codos en el suelo para levantar la cabeza. Lleva la barbilla al pecho y mediante una exhalación ve tumbándote poco a poco sintiendo como va bajando cada vértebra desde la zona lumbar hasta la cabeza.

Balasana

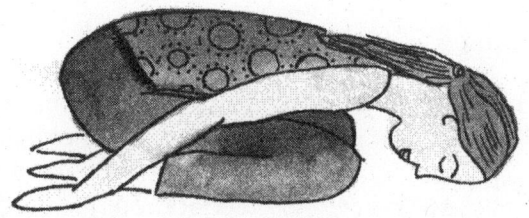

También llamada «postura del niño», esta *asana* simboliza la entrega sin condiciones. Renunciamos a lo que la mente nos dice que es bueno o malo, perfecto o imperfecto, buena suerte o mala; y, como si fuéramos niños bajo la tutela de un padre–madre sabio y amoroso, nos dejamos hacer.

1. Arrodíllate en el suelo. Coloca juntos los dedos gordos de los pies y siéntate en los talones, separando las rodillas aproximadamente el ancho de tus caderas.

2. Haz una larga inspiración y mientras exhalas ve bajando el torso hasta que llegue a tocar tus muslos y la frente quede apoyada en el suelo.

3. Coloca los brazos en el suelo y junto a los costados. Las manos están a los lados de los pies y las palmas miran hacia arriba. Los hombros están también descansando en el suelo y ayudan a estirar el resto de la espalda.

4. Quédate en esta postura lo que necesites. Se trata de una postura de relajación, así que puedes descansar en ella mientras sientes corporalmente que te entregas a la vida. Esta postura ayuda también a dejar la mente en blanco y por tanto es ideal para inducir el estado mental más adecuado para ir a dormir.

Mudra de la aceptación

Los practicantes de yoga usan este *mudra* para superar la tristeza y la resistencia a quedarse enganchado en el pasado. Se forma doblando el dedo índice para que descanse en el espacio entre él y el dedo pulgar, de tal manera que la uña quede tocando el pliegue que se forma. A continuación, el dedo pulgar toca el dedo meñique, haciendo contacto con el lateral de su uña.

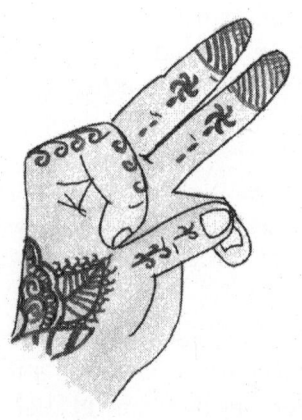

Actividad 1

La escritura

El escritor escribe su libro para explicarse a sí mismo lo que no se puede explicar.

GABRIEL GARCÍA MÁRQUEZ

Muchos autores entienden la escritura como algo vital y necesario: «Escribo por la misma razón que respiro... porque si no lo hiciera, moriría», dice por ejemplo Isaac Asimov. Otros, como Julio Cortázar, la entienden como una especie de exorcismo, donde pueden conjurar sus peores pesadillas y neurosis desprendiéndose de ellas a través de la palabra. Es curiosa la anécdota de Gabriel García Márquez, quien sufrió durante cinco años de golondrinos, una infección en las glándulas axilares. Ninguno de los tratamientos realizados conseguía curarle. Un día, mientras escribía *Cien años de soledad*, decidió ponerle golondrinos a uno de sus personajes más importantes y en el momento en que el coronel Aureliano Buendía se quedó con los golondrinos, el autor confiesa que a él se le quitaron y nunca más los padeció.

Esta anécdota puede resultar sospechosa para muchos por su carácter casi mágico, pero lo que nadie puede poner en duda es que la escritura es un gran ejercicio de liberación. Recordemos que hablar de nuestras emociones nos ayuda a darles un espacio, entenderlas y procesarlas mentalmente. Pero hablar de nuestras emociones no solo se refiere a conversarlas con otra persona sino que puede ser hablárnoslas a nosotros mismos, contárnoslas, escribírnoslas. Así les podemos dar un sentido y las podremos asimilar mejor. Esto es especialmente importante a la hora de procesar la emoción de la tristeza por la necesidad de integrar lo que siento que he perdido (o estoy perdiendo) en un discurso y estructurar una nueva realidad.

1er ejercicio. Escribir un diario

Puede ocurrir que al comenzar a escribir un diario de sentimientos y reflexiones uno/a se empiece a sentir mal, incluso peor de lo que estaba. Lo cierto es que se está dando rienda suelta a emociones que habíamos estado inhibiendo por no haber podido o querido asimilarlas y afrontarlas. Sin embargo, más tarde uno/a experimenta un efecto liberador porque se empieza a dar sentido al suceso. A través del acto de escritura se construye una narrativa que ayuda a asimilar y entender el suceso.

1. Elige un cuaderno para hacer registro de tu escritura. Más que apuntar las cosas en papeles sueltos, es bueno un cuaderno para tener los escritos todos juntos y ordenados cronológicamente. Así podrás luego volver a ellos cuando lo necesites. Haz que el cuaderno sea especial: puedes dibujar algo en su tapa, forrarla con un papel que te guste, adornarlo con fotografías, escribir una frase inspiradora en la primera página, poner un lazo de color para cerrarlo.... Cualquier cosa que lo personalice y lo haga especial. Recuerda que será un espacio dedicado a volcar tu interior y eso es como un tesoro que tiene que ser guardado en un bonito cofre.

2. También es importante elegir un lugar cómodo y tranquilo para poder escribir. Tiene que estar lo más alejado de posibles distracciones. A muchos les ayuda estar cerca de la naturaleza: un parque, una playa, un

río... Otros prefieren el silencio de un cuarto, quizás ambientado con una leve música de fondo. Explora lo que funciona para ti y con qué te sientes a gusto.

3. Antes de comenzar cierra los ojos, haz una respiración profunda y conecta contigo mismo. Expresa tu deseo de dedicar este momento a conversar contigo mismo/a y, por qué no, a explicarte a ti mismo/a lo que no se puede explicar.

4. Si no sabes bien cómo empezar, registra lo que estás sintiendo y pensando, cuáles son tus deseos y sueños, cómo observas tus relaciones, a qué dedicas el tiempo y tu vida, qué le falta y le sobra a esta para ser más completa, qué te hace ser especial, etc. Poco a poco, aparecerá el tema de base, ese que te descubrirá lo que te está pasando y qué estás necesitando.

5. Déjate llevar por el acto de escritura. Puede que tengas claro el tema que quieres abordar pero también puede que simplemente has registrado la emoción de sentirte mal y no sabes el motivo. En cualquier caso deja que el tema se escriba solo. No frenes las relaciones que de repente hagas con el pasado o el futuro, con las personas que te rodean (padres, pareja, amigos...), o con lo que has sido o crees que deberías ser. En definitiva, apunta cualquier cosa que surja en la mente. Además, no importa si al principio el texto parece inconexo y la historia que narras, desorganizada. Poco a poco todo se vuelve más ordenado, tanto la palabra como los sentimientos.

6. Una vez que hayas hecho varias entradas en tu diario es interesante observar si a lo largo de las páginas hay temas que se repiten. Estos temas recurrentes te pueden ayudar a comprender mejor lo que te está sucediendo, a constatar cosas de las que quizás

conscientemente no te habías percatado y a poder analizarlo con detalle.

2º ejercicio. Dialogar con poemas

La poesía es la forma literaria que mejor suele expresar las vivencias del yo. Los poemas no suelen narrar historias donde se desarrolla una acción e intervienen unos personajes, como en la novela, sino que son un espacio de introspección, donde el autor vuelca, de manera directa o indirecta –a través de metáforas e imágenes simbólicas– su estado de ánimo y sentimientos más profundos. Muchas veces se puede leer en los poemas los mismos sentimientos y experiencias por los que uno está pasando. Por eso, para muchos, la lectura de poemas es una gran forma de sentirse comprendidos y acompañados. Aunque la mera lectura ya aporte el consuelo buscado, vamos a dar un paso más en este ejercicio y establecer un diálogo con el poema. No solo encontraremos un gran interlocutor, sino que pueden surgir nuevas cuestiones que den pie a un nuevo proceso de escritura.

1. Elige un poema que resuene contigo y con lo que estás viviendo en este momento. Vamos a tomar como ejemplo el poema «No te rindas» de Mario Benedetti, que bien puede servir para explorar lo que nos ocurre cuando sentimos tristeza.

   No te rindas, aún estas a tiempo
   de alcanzar y comenzar de nuevo,
   aceptar tus sombras, enterrar tus miedos,
   liberar el lastre, retomar el vuelo.

   No te rindas que la vida es eso,
   continuar el viaje,
   perseguir tus sueños,

destrabar el tiempo,
correr los escombros y destapar el cielo.

No te rindas, por favor no cedas,
aunque el frío queme,
aunque el miedo muerda,
aunque el sol se esconda y se calle el viento,
aún hay fuego en tu alma,
aún hay vida en tus sueños,
porque la vida es tuya y tuyo también el deseo,
porque lo has querido y porque te quiero.

Porque existe el vino y el amor, es cierto,
porque no hay heridas que no cure el tiempo,
abrir las puertas quitar los cerrojos,
abandonar las murallas que te protegieron.

Vivir la vida y aceptar el reto,
recuperar la risa, ensayar el canto,
bajar la guardia y extender las manos,
desplegar las alas e intentar de nuevo,
celebrar la vida y retomar los cielos,

No te rindas por favor no cedas,
aunque el frío queme,
aunque el miedo muerda,
aunque el sol se ponga y se calle el viento,
aún hay fuego en tu alma,
aún hay vida en tus sueños,
porque cada día es un comienzo,
porque esta es la hora y el mejor momento,
porque no estás sola,
porque yo te quiero.

2. Anota en tu cuaderno el verso que quieras contestar, bien para añadir información, bien para rebatirlo o

para lo que necesites decir. Por ejemplo: «No te rindas, aún estas a tiempo / de alcanzar y comenzar de nuevo» → «A veces solo quiero rendirme, abandonarlo todo, dejar de luchar. El tiempo parece volverse en mi contra y no existe la posibilidad de lo nuevo. Me siento cansada/o y mis sueños están rotos».

3. Quizás necesites contestar con tus palabras cada uno de los versos del poema pero puede que solo uno te baste y que sea detonante de todo lo que escribas. A veces el contacto con el ritmo de un poema hace que la respuesta se sincronice con ese ritmo, así que es posible que te encuentres escribiendo otro poema. De cualquier forma, no fuerces el proceso de escritura y deja que te vengan las palabras como quieran. Recuerda que no estás intentando crear una obra artística (al menos no en un primer lugar), sino dar cabida y procesar aquellas emociones que experimentas.

Actividad 2

Mindfulness

> *El futuro nos tortura, y el pasado nos encadena.*
> *He ahí el por qué se nos escapa el presente.*
>
> GUSTAVE FLAUBERT

Una de las causas emocionales de la tristeza es la sensación de estar desconectados/a de uno mismo y de la vida. Nos sentimos cansados/a, dejamos de cuidarnos, nos comportamos mecánicamente y vemos que todo parece haber perdido color e intensidad. Somos tan indiferentes a lo que sentimos que hasta podemos tener la sensación de que no merece la pena vivir. El *mindfulness* (atención consciente) nos ayuda a tener conciencia de todo lo que nos ofrece la vida a la vez que nos percatamos de que todo es temporal y que tanto las experiencias placenteras como las dolorosas no duran para siempre.

Facundo Cabral comenta que lo que muchos llaman depresión es solo distracción:

> No estás deprimido, estás distraído. Distraído de la vida que te puebla, tienes corazón, cerebro, alma y espíritu... entonces, ¿cómo puedes sentirte pobre y desdichado?. Distraído de la vida que te rodea, delfines, bosques, mares, montañas, ríos. [...] No estás deprimido, estás distraído. Por eso crees que perdiste algo lo que es imposible porque todo te fue dado, no hiciste ni un solo pelo de tu cabeza, por lo tanto, no puedes ser dueño de nada. Además, la vida no te quita cosas, te libera de cosas, te aliviana para que vueles más alto, para que alcances la plenitud. [...]
>
> Tenemos para gozar la nieve del invierno y las flores de la primavera, el chocolate de la Peruggia, la baguette francesa, los tacos mexicanos, el vino chileno, los mares y los ríos, el fútbol de los brasileros y los cigarros de Chez Davidoff. Tenemos para gozar *Las Mil y una noches*, *La Divina Comedia*, *El Quijote*, el *Pedro Páramo*, los boleros de Manzanero y la poesía de Whitman, Mahler, Brahms, Ravel, Debussy, Mozart, Chopin, Beethoven, Caravaggio, Rembrandt, Velázquez, Cézanne, Picasso y Tamayo, entre tantas maravillas.

Las actividades que ofrece el *mindfulness* nos ayudan a centrar la atención en el momento presente sin enjuiciar.

Lo que me está ocurriendo en este preciso momento es lo único que importa. Como dice una máxima zen, «cuando bebes solo bebes y cuando caminas solo caminas». Por eso, si estoy dando un paseo tiene que ser un paseo consciente, donde en lugar de estar repasando mentalmente la lista de cosas que tenemos pendientes o de estar recordando cada palabra de la última conversación que tuvimos con alguien, me concentro en observar cada detalle que voy encontrando en nuestro camino: el reflejo del sol, las distintas personas que nos cruzamos, el cambio de color de las hojas de los árboles, las flores que crecen en los lugares más insospechados... Y si estoy bebiendo un té, me centro en el té y huelo su aroma, siento el calor que se transmite a través de la taza, percibo su sabor amargo o dulce, presto atención a cómo el líquido va recorriendo la boca y la garganta, etc. Normalmente, nuestra atención está constantemente desviándose hacia las preocupaciones del futuro, los dolores del pasado o las dificultades que estoy viviendo. Ni siquiera se trata de pensamientos que simplemente son observados, sino que son generalmente evaluados y juzgados. Por eso es necesario regresar continuamente la atención a las actividades que estamos realizando donde no hay otra cosa que importe más ni buscamos alguna ganancia a través de ella. Tan solo se trata de estar vivo/a.

1er ejercicio. Escaneo del cuerpo

Esta primera actividad consiste en escanear completamente el cuerpo para hacernos plenamente conscientes de él. Muchas veces ni siquiera nos damos cuenta de cómo la tensión se va acumulando en algunas zonas del cuerpo. Solo cuando sentimos dolor es cuando nos percatamos de lo que nos está ocurriendo. A través de este viaje por el cuerpo podemos observar dónde siente tensiones y dolores, cómo le está afectando estados emocionales como el estrés o incluso descubrir zonas del cuerpo que antes no conocíamos. No solo es una buena manera para escuchar lo que el cuerpo está tratando de decirnos, sino también para apreciar que hay muchas partes que funcionan maravillosamente.

1. Elige un lugar donde no haya interrupciones y tenga una temperatura ambiente agradable. Túmbate en la cama o en el suelo (encima de una alfombra o manta) y cierra poco a poco tus ojos.

2. Centra tu atención en la respiración. Siente cómo el aire va entrando, cómo a su paso se va llenando el vientre, cómo se van abriendo las costillas...

3. Traslada tu conciencia a aquellos lugares del cuerpo que están en contacto con el suelo (o cama). Siente con cada exhalación cómo todo el cuerpo va adquiriendo peso y poco a poco te vas hundiendo un poco más.

4. Ahora empieza a sentir los pies. Dedica tu atención al pie derecho: siéntelo, nota si sientes algún dolor, si hay tensión, calor, frío, picor, pesadez... Trata de notar cada uno de los dedos del pie, el talón, la planta, el empeine.... No juzgues aquello que observes ni te digas cosas cómo: «qué desagradable es el dolor que siento» o «no debería haberme puesto esos zapatos que tanto me rozan». Limítate solo a sentir y observarte. Sigue haciendo lo mismo con el pie izquierdo y, después, con las piernas. Siente cada una de sus partes: los gemelos, la espinilla, la rodilla, el muslo... Haz lo mismo con cada uno de los brazos,

recorriéndolos desde la punta de los dedos hasta el hombro.

5. Siente ahora la zona del tronco. Coloca una mano sobre la tripa y otra sobre el pecho para observar cómo va moviéndose cada parte al ritmo de la respiración. Observa cómo algunas veces la respiración es profunda y otras es más superficial o cómo a veces se produce una pausa entre inspiración y exhalación.

6. Centra por último tu atención en la cabeza. Siente su peso, los músculos de la cara, si el pelo está tirante o tocando alguna parte del cuerpo. Recorre minuciosamente cada parte de la cara: garganta, lengua, labios, dientes, orejas, ojos, nariz...

7. Cuando sientas que has terminado de escanear todo el cuerpo desde la punta de los pies hasta la cabeza, respira bien hondo y agradece a cada una de las partes de tu cuerpo su presencia y su trabajo.

2° ejercicio. Comiendo conscientemente

Comer mientras se trabaja, se atiende el móvil o se ve algo en la televisión es la mayoría de las veces estar comiendo sin conciencia. Muchas veces convertimos esta actividad cotidiana y tan importante en un acto mecánico motivado a veces no por el hambre sino por la ansiedad o incluso el aburrimiento. Esta actividad busca una vuelta a la conciencia del acto de comer donde bocado a bocado podamos ir apreciando los distintos sabores, colores, texturas y olores de los alimentos y, en definitiva, recuperar el placer de la comida.

1. Coge un par de almendras o algún otro fruto seco (nuez, almendra, piñón, avellana, uva pasa, arándano

seco...). Pon toda tu atención en ellas como si fuera la primera vez que las vieras en tu vida.

2. Sostenlas en la palma de tu mano y observa las diferencias de color, forma y tamaño que tienen. Aprecia también los pliegues que tiene la superficie y su textura.

3. Juega con el fruto entre tus manos, apriétalo, nota su rugosidad en tu piel.

4. Acerca tu nariz y con cada inspiración trata de absorber su aroma.

5. Lleva las almendras ahora hacia la boca y atiende bien con qué gesto las depositas en la boca y cómo esta se abre para recibirlas.

6. Todavía no las muerdas. Dedícate antes a explorar las sensaciones que te produce el tenerlas en la boca.

7. Llegó el momento de empezar a morder las almendras. Nota todos los sonidos y todos los sabores que amanecen.

8. Mastica lentamente y ve observando cómo se va segregando saliva y cómo la almendra va cambiando de textura y consistencia.

9. Mientras estés tragando el alimento, observa cómo este va pasando por la garganta y los sabores que se quedan todavía en la boca. ¿Te apetece comerte la otra almendra? ¿Te imaginas hacer esta práctica con al menos un bocado de alguna de las comidas diarias?

4

La alegría

La alegría es, de las cuatro emociones básicas, la más aceptada socialmente y la más buscada personalmente por el placer que produce. Esta emoción nos envuelve en júbilo y excitación, activando todo el cuerpo para acercarnos al otro y a lo de fuera. Tiene un movimiento centrífugo que busca disfrutar, compartir y celebrar con los demás. Cuando se sitúa en el nivel de la mente, la alegría nos lleva a conocer, a satisfacer nuestra curiosidad intelectual, a explorar el mundo y compartir nuestros descubrimientos. Cuando se sitúa en la zona del pecho-corazón, esta energía nos induce a la amabilidad con el otro, a la empatía, a la ayuda y al abrazo. Y cuando se sitúa en la zona erógena nos mueve al erotismo y a compartir la intimidad sexual con el otro. De niños estamos naturalmente conectados con la alegría y, siempre que no nos falte cuidado, protección y amor, tenderemos espontáneamente a curiosear, a mostrar afecto y ternura, a explorar lo que nos rodea y a vincularnos con los otros.

La alegría tiene que ver con sentirse aceptado por como uno es y sentirse valioso en su singularidad. Surge al dar y recibir afecto de los demás, al sentirnos respetados, reconocidos y apreciados, al establecer vínculos con otras personas, al lograr las metas propuestas o al expresar todo nuestro potencial. Esta emoción nos hace sentirnos agradecidos, nos mueve a disfrutar de la vida y nos impulsa a crear. Sin embargo, no hay que confundir la alegría con la felicidad. La primera es una emoción y, como tal, es transitoria y tiene una función específica de apertura y acercamiento al otro. La felicidad, en cambio, es un estado de realización y plenitud. Un día podemos sentirnos llenos de energía, pletóricos por el nuevo día que comienza y con deseos de compartir con todo el mundo, mientras que al día siguiente podemos sentirnos desmotivados y con ganas de aislarnos de los demás. Y en ambos momentos podemos ser igualmente felices. La felicidad es una decisión, independiente de los dolores y las preocupaciones que tengamos. Es más, si nos hacemos conscientes de que los aprendizajes vitales –los más importantes– no ocurren generalmente a través del placer sino del dolor, entenderemos bien que felicidad y dolor no son antagónicos.

Esta emoción suele manifestarse físicamente con la sonrisa. Sin embargo, no siempre podemos deducir el estado de ánimo de los demás a partir de esta expresión facial, puesto que se ha aprendido a utilizar la sonrisa como recurso para expresar cortesía o para ocultar otro tipo de emociones como la vergüenza, el sarcasmo, el nerviosismo o incluso la propia tristeza, como aquella historia del cómico Garrik que versificaba Juan de Dios Peza:

> Cuántos hay que, cansados de la vida,
> enfermos de pesar, muertos de tedio,
> hacen reír como el autor suicida
> sin encontrar para su mal remedio.

¡Ay! ¡Cuántas veces al reír se llora!
Nadie en lo alegre de la risa fíe,
porque en los seres que el dolor devora
el alma llora cuando el rostro ríe.

Si se muere la fe, si huye la calma,
si solo abrojos nuestras plantas pisa
lanza a la faz la tempestad del alma
un relámpago triste: la sonrisa.

El carnaval del mundo engaña tanto;
que las vidas son breves mascaradas;
aquí aprendemos a reír con llanto
y también a llorar con carcajadas.

(Fragmento de *Reír llorando*
de JUAN DE DIOS PEZA)

Por eso, para realmente reconocer físicamente la emoción de la alegría en otra persona no hay que fijarse tanto en la boca como en los ojos, puesto que estos no pueden fingir la emoción. Por otro lado, una alegría excesiva puede convertirse en euforia, la cual, mantenida por mucho tiempo, no permite ver al otro ni tenerle en cuenta. La euforia desmedida no deja alimentarse del vínculo con las otras personas y puede hacer perder la noción mesurada de la realidad. Por ello en algunos momentos de especial exaltación es preciso trabajar la serenidad y dejar reposar la emoción. Como recomienda el escritor polaco Stanislaw Lec: «Cuando saltes de alegría, cuida de que nadie te quite la tierra debajo de los pies».

Para reflexionar

¿Dónde siento la alegría en mi cuerpo? ¿Qué me está tratando de decir? ¿A qué me está llamando?

¿Estoy interesado/a en lo que ocurre a mi alrededor? ¿Me permito curiosear, explorar y experimentar? ¿Qué me digo a mi mismo/a respecto a intentar cosas nuevas? ¿Exploro nuevas culturas, experiencias, comidas, lecturas o talentos?

¿A qué me mueve la alegría cuando se sitúa en el corazón? ¿Me permito abrazar y acariciar al otro? ¿Cómo vuelco la generosidad que me brota?

¿Con quién o quiénes me vuelvo amable?

¿Puedo mostrar mi sensualidad? ¿Vivo con sentimientos de culpabilidad o vergüenza la llamada a disfrutar de la intimidad sexual? ¿Sé distinguir entre lo que es sexual y lo que es afectivo?

¿Acostumbro a disfrazar con falsas sonrisas otros sentimientos? ¿Me permito reír a carcajadas, libremente y sin censura? ¿Olvido la realidad y al otro en los momentos de euforia?

A través de los materiales vamos a explorar distintos temas relacionados con la alegría. El cuento de Tolstoi nos ayudará a entender que se necesita muy poco para ser alegre, mientras que el texto de Coelho ahondará en el tema de la gratitud, íntimamente ligado a la alegría y la felicidad. Las obras de arte nos hablan del gozo que nace de sentirse en conexión, ya sea con un otro, en el enamoramiento y en el amor, o con todo el cosmos, en la experiencia mística. Por otro lado, en las actividades pintaremos con alegría todas nuestras imperfecciones, sabiendo que estas nos han hecho no solo más fuertes sino también más hermosos. Y es que, como decía Benjamín Franklin, «la alegría es la piedra filosofal que todo lo convierte en oro». Además, mediante la actividad del baile, moveremos toda esa energía que crea la emoción de la alegría en el cuerpo. Bailando, trataremos de vivir una experiencia de flujo donde nos encontremos completamente absortos en el movimiento, experimentando un puro presente.

«Un guerrero de la luz...»

Un guerrero de la luz nunca olvida la gratitud. Durante la lucha, fue ayudado por los ángeles; las fuerzas celestiales colocaron cada cosa en su lugar y permitieron que él pudiera dar lo mejor de sí. Los compañeros comentan: «¡Qué suerte tiene!». Y el guerrero a veces consigue mucho más de lo que su capacidad permite. Por eso, cuando el sol se pone, se arrodilla y agradece el Manto Protector que lo rodea. Su gratitud, no obstante, no se limita al mundo espiritual; él jamás olvida a sus amigos, porque la sangre de ellos se mezcló con la suya en el campo de batalla. Un guerrero no necesita que nadie le recuerde la ayuda de los otros; él se acuerda solo y reparte con ellos la recompensa.

** *Manual del guerrero de la luz*. PAULO COELHO.

La gratitud brota naturalmente con la emoción de la alegría ya que con ella uno se siente satisfecho y bendecido. Se genera espontáneamente una doble gratitud: la gratitud a los otros que nos rodean y que comparten nuestra vida, esos amigos con quienes se mezcla la sangre en el campo de batalla de los que habla metafóricamente el texto; y la gratitud a la vida que regala a cada instante: un atardecer, la brisa del aire, el olor de las flores, el agua que refresca, el canto de los pájaros, «las fuerzas celestiales que colocan cada cosa en su lugar». Pero la gratitud es también un elemento fundamental en la decisión de ser feliz. En este sentido, es algo que requiere consciencia y práctica, porque, sin la motivación espontánea que genera la alegría, podemos muchas veces olvidar los innumerables motivos que tenemos para ser agradecidos. De hecho, existe la tendencia a quejarse, a centrarse en lo que no se tiene en lugar de valorar lo que sí se tiene y a reclamar lo que muchos consideran derechos. Además, una vez que nos acostumbramos a algo dejamos de agradecerlo, como bien decía Mario Puzo: «El tiempo hace estragos en la gratitud, aún más que en la belleza». Para ser feliz es pues importante dedicar un momento al día a expresar gratitud, como hace el guerrero de la luz que, cuando el sol se pone, «se arrodilla y agradece».

Para cultivar la gratitud hay que prestar atención a lo que uno es, a lo que uno tiene y a lo que uno ha recibido de otros y de la vida/mundo espiritual. Un ejercicio para tomar conciencia de todos los motivos que tenemos para agradecer es anotar todo lo que se ha recibido durante el día, incluyendo las cosas más sencillas de la cotidianeidad que normalmente pasamos por alto: desde la sonrisa de alguien en la calle hasta el agua que corre por el grifo (lo que es un lujo para millones de personas en el mundo) pasando por la suavidad de una toalla, la capacidad de movimiento, el olor de las sábanas recién lavadas, la voz de un amigo, el color del cielo, una bebida caliente... También es importante reflexionar sobre nuestra vida entera y poder agradecer lo vivido, incluso aquellas experiencias dolorosas que tanto nos enseñaron. Esto incluye también hacer un repaso a las relaciones más importantes que hemos tenido y preguntarnos, como aconseja el método japonés Naikan de introspección, tres cuestiones clave: ¿Qué hizo por mí esa persona durante ese periodo? ¿Qué hice yo por ella durante ese mismo periodo? ¿Qué dificultades le causé en este periodo?

El agradecimiento hacia nuestra realidad presente y nuestras experiencias y relaciones del pasado es fundamental para una vida feliz. Al fin y al cabo, este agradecimiento es, como decía Lao Tsé, «la memoria del corazón». Pero la gratitud también hace que resonemos con aquello que queremos y atraigamos para nuestro futuro más eventos por los que estemos profundamente agradecidos. La transformación que el agradecimiento genera en el pasado, el presente y el futuro hace que «un guerrero de la luz nunca olvide la gratitud»

Para reflexionar

¿Me gusta que las personas me agradezcan las cosas que hago por ellas?

¿Qué tipo de agradecimientos valoro más? ¿Busco una recompensa?

¿Soy consciente de lo que otras personas hacen por mi, aunque se trate de cosas pequeñas como abrirme la puerta, desearme un buen día o mirarme con respeto y atención mientras hablo? ¿Cómo muestro mi agradecimiento? ¿Soy capaz de «repartir la recompensa» con los demás?

¿Me detengo a reflexionar sobre las relaciones personales más importantes que he tenido en mi vida y sentir gratitud por esos encuentros? ¿Qué hizo por mí esa persona concreta? ¿Qué hice yo por ella? ¿Qué dificultades le causé?

¿Me siento merecedor/a de las cosas buenas que ocurren en mi vida?

¿Creo que a veces puedo autoboicotearme para no terminar recibiendo aquello que deseo? ¿Estoy abierto/a a recibir en abundancia?

¿Qué he recibido yo hoy? ¿Qué he dado hoy a los demás? ¿Qué dificultades o problemas he causado yo hoy?

Cuando bebas agua, recuerda la fuente.

PROVERBIO CHINO

«El zar y la camisa»

Hubo una vez un zar que cayó enfermo y dijo:

—¡Daré la mitad de mi reino a aquel que consiga devolverme la salud!

Entonces se reunieron todos los sabios y empezaron a pensar en la manera de sanar al zar enfermo. Nadie sabía. Solamente uno de ellos dijo:

—Yo sé cómo curar al zar. Es preciso encontrar a un hombre feliz, quitarle la camisa y ponérsela al zar. Entonces sanará.

El zar ordenó que buscaran al hombre feliz. Todos los servidores del zar recorrieron el reino buscando a un hombre que fuera completamente feliz, pero no pudieron encontrarlo. Uno era rico pero estaba enfermo; el otro gozaba de salud pero era pobre; el tercero era rico y tenía salud, pero su mujer no era buena. Todos se quejaban de algo.

Una vez, el hijo del zar, entrando en una cabaña, oyó que alguien decía:

—Gracias, Dios mío, hoy he trabajado bien, he comido y ahora voy a descansar. No necesito nada más.

El hijo del zar ordenó que le quitaran la camisa al hombre que había dicho aquello y que le dieran a cambio cuanto dinero pidiese, para poder entregar la camisa al zar. Los servidores se dirigieron al hombre feliz para quitársela pero era tan pobre que ni siquiera camisa tenía.

LEV TOLSTOI en *Iván el tonto y otros cuentos*

El tema del cuento de Tolstoi es el archiconocido: «No es más feliz quien más tiene sino quien menos necesita». La historia parece transcurrir en un lejano reino del zar donde «todos se quejaban de algo», sin embargo, no hay que hacer ningún esfuerzo para situarla en la sociedad occidental de hoy día, donde, paradójicamente, a pesar de contar con todo lo que necesitamos para vivir, somos más infelices que nunca. Estudios demuestran que aquellos afortunados a los que les ha tocado la lotería después de un año llegan al mismo nivel de felicidad que tenían antes de recibir el premio. También Tolstoi sabía de primera mano que el dinero no da la felicidad. Hijo de un noble propietario y de una acaudalada princesa, el aristócrata ruso pasó su juventud rodeado de opulencia y desenfreno.

Sin embargo, vivió sus últimos años predicando con el ejemplo su doctrina de la pobreza: regaló todas sus posesiones, trabajaba como zapatero durante varias ho-

ras al día, compartía su tiempo y ganancias con los mí-
seros campesinos del lugar y, en general, mantenía una
vida ascética, alimentándose solo de vegetales y dur-
miendo en un duro camastro. Uno/a bien se lo puede
imaginar al caer la tarde diciendo las mismas palabras
del personaje de la historia: «Hoy he trabajado bien, he
comido y ahora voy a descansar. No necesito nada
más».

Ya decíamos antes que la felicidad es una decisión, inde-
pendientemente de los dolores que se atraviesan en
nuestro camino. Si bien la emoción temporal de la alegría puede surgir al lograr metas propuestas o con la
adquisición de algún bien material, la felicidad como estado de plenitud nada tiene que ver con lo material. Tiene que ver más con el paradigma del «ser» que con el de
«tener». Erasmo de Rotterdam aseguraba que «la felicidad consiste principalmente en resignarse a su suerte,
en querer ser lo que se es». Además, muchas veces si-
tuamos la felicidad en un espacio lejano o la tratamos
como un concepto anhelado que hay que buscar, sin
darnos cuenta que precisamente se esconde en el presente y en disfrutar de la magia de los momentos. En
definitiva, un hombre sin camisa puede disfrutar de la
felicidad que un zar ansiosamente busca.

Para reflexionar

¿Dónde busco la felicidad? ¿Tengo satisfechas mis necesidades básicas: alimentación, descanso, seguridad
física…? ¿Tengo cubiertas mis necesidades sociales:
amistad, afecto, pertenencia a grupos…? ¿Y mis nece-

sidades de autoestima: respeto, confianza, autorreconocimiento...?

¿Qué aspectos de mi vida creo que tienen que cambiar para ser feliz?

¿Postergo la felicidad creyendo que solo cuando consiga estas cosas (una casa, un trabajo mejor, una pareja, un título universitario...) lograré ser feliz? ¿Localizo en un futuro lejano la felicidad sintiendo que es algo que debo perseguir?

¿Me resigno a mi suerte y quiero ser lo que soy? ¿Me comparo constantemente con los demás? ¿Suelo quejarme?

¿Confundo la alegría con la felicidad? ¿Creo que con dolores y preocupaciones no puedo ser feliz? ¿Decido cada mañana ser feliz a pesar de las diferentes emociones que vaya viviendo a lo largo del día?

No hay camino hacia la felicidad:
la felicidad es el camino.

WAYNE W. DYER

«Baile bajo la lluvia»

Título original: «Dance under the rain». Leonid Afremov

Al observar los cuadros de Leonid Afremov, pintados con vivos colores, llenos de dinamismo y de temática jubilosa (músicos, bailarinas, flores, atardeceres, parejas que caminan cogidas de la mano, abrazadas o a punto de darse un beso...) parecería que tras su mirada alegre y vital se esconde una vida igual de alegre. Sin embargo, este pintor de origen bielorruso tuvo que abandonar su ciudad natal de Vitebsk para poder crear libremente (solo podía pintar cuadros que loaran el gobierno soviético) y alejarse de desastres como el de Chernóbil, por el que su hijo de apenas dos años quedó afectado. Se mudó a Israel pero tampoco allí las cosas le fueron fáciles. Los temas de sus pinturas con parejas enamoradas y trompetistas negros de jazz escandalizaban a los judíos ortodoxos y en varias ocasiones su galería fue atacada y todas sus obras destrozadas. En el escaparate escribieron: «Cerdo ruso, vuelve a Rusia». Hoy vive en Estados Unidos y sus coloridas obras tienen mucho éxito. «¿Cuál es su patria?» —le preguntan ante tan dispar trayectoria geográfica. Y él responde: «La patria es donde uno se siente humano».

El cuadro «Baile bajo la lluvia» bien puede ser una de esas patrias donde uno se siente humano. Enmarcados entre los colores de las hojas de los árboles y las luces de las farolas, una pareja de enamorados baila bajo la lluvia. Podemos imaginar de fondo la voz de Gene Kelly cantando: «*I´m singin´ in the rain / Just singin´ in the rain,/ What a glorious feeling,/ And I´m happy again*». Y es que sin duda, por su tema y forma, el cuadro nos transmite una explosión de alegría. Parece que se ha detenido el tiempo, que solo existe el presente y que todo a su alrededor desborda belleza. Estar enamorado es una de las experiencias que más genera alegría a las personas. Uno se siente «flotando», «embobado» y «con el estómago lleno de mariposas». La realidad, además, se muestra mágica y llena de bondad. Muchas canciones celebran la maravilla con la que se mira la vida:

En la guerra se dan besos, ya no se pelean
Hoy las gallinas mugen y las vacas cacarean
Crecen flores en la arena, cae lluvia en el desierto
Ahora los sueños son reales, porque se sueña despierto.

(extracto de la canción *Ojos color sol*
de SILVIO RODRÍGUEZ y Calle 13)

Pero igual que no podemos confundir la alegría con la felicidad, tampoco podemos identificar estar enamorado con amar. El enamoramiento, como la alegría, acontece. Podemos propiciarlo y buscarlo, pero no es un acto de voluntad sino algo que llega sin esfuerzo y también termina por irse. Es una emoción absorbente, intensa y fugaz. En cambio, el amor hay que trabajarlo y fundamentalmente es una elección, como justifica Eric Frömm en *El arte de amar*. No por ello es menos maravilloso y, aunque carece de la intensidad del enamoramiento, le aventaja en profundidad y estabilidad. De cualquier forma, tanto en el amor como en el enamoramiento, en la alegría como en la felicidad, uno siente que merece la pena estar vivo y que puede ponerse a bailar bajo la lluvia.

Para reflexionar

¿Me he enamorado alguna vez? ¿Qué sensaciones físicas he sentido en ese momento? ¿Qué emociones me ha producido? ¿Qué pensamientos me ha generado? ¿Cómo he vivido la realidad que me rodea en ese momento?

¿Puedo distinguir entre amor y enamoramiento? ¿Siento que cuando desaparecen los síntomas del enamoramiento ya se ha terminado la relación?

¿Vivo un amor maduro? ¿Busco en mi pareja simplemente calmar la angustia que me genera la soledad? ¿Amo a mi pareja porque la necesito o la necesito porque la amo? ¿Creo que puedo ser feliz sin el amor de una pareja?

¿Soy consciente de que amar implica conocimiento y esfuerzo? ¿Empleo mi energía en tratar de satisfacer a mi pareja? ¿Qué opino sobre esta frase de Eric Frömm: «Dar produce más felicidad que recibir, no porque sea una privación, sino porque en el acto de dar está la expresión de mi vitalidad»?

Ama hasta que te duela. Si te duele es buena señal.

MADRE TERESA de CALCUTA

«Éxtasis de Santa Teresa»

Bernini. 1645-1652
Capilla Cornaro de Santa María de la Victoria de Roma

En este conjunto escultórico, el gran Gian Lorenzo Bernini representa la transverberación de Santa Teresa de Ávila tal y como la monja carmelita lo describe en su autobiográfico *Libro de la Vida*. La mística sintió cómo un ángel le atravesaba el corazón con un dardo de oro, dejándola «toda abrasada en amor grande de Dios». Esta sensación, de gozo y dolor simultáneo, la dejó suspendida en el aire. El escultor barroco nos muestra magistralmente la turbación del momento a través del fuerte dinamismo de la composición (hay un cruce de diagonales), el movimiento violento del ropaje y la falta de apoyo de los personajes, que quedan suspendidos en una nube. Añadió además un gran ventanal en la parte superior para derramar luz cenital sobre la escena e iluminar los rayos dorados, símbolo de lo divino, haciendo así partícipe al espectador de la experiencia mística de la carmelita. No hay duda: la santa está vivenciando la anhelada unión con su amado. Es lo que la psicología transpersonal define como un estado de conciencia unitivo, donde el sujeto tiene la sensación de haberse expandido más allá de los límites habituales del ego y superado las restricciones del tiempo y del espacio. Un estado de puro gozo y confianza, diría el psicólogo R.M. Bucke, donde la persona observa que todo el universo está bien ordenado y es movido por el amor.

Toda la expresión de Santa Teresa nos muestra que está en éxtasis, (del griego *ekstasis,* que significa «estar fuera de sí»): los ojos cerrados, la boca entreabierta, la cabeza caída, así como la posición desmayada de la mano. Parece que, bajo el agitado ropaje, su cuerpo ha desaparecido, como si el autor quisiera decirnos que esta experiencia luminosa no solo está más allá del tiempo y el espacio, del lenguaje y la razón, sino también lo está de los sentidos. En contraste con su estado convulso, el ángel, de suaves gestos, la mira serenamente. Bernini también ha sabido confundir en el rostro de la mística placer y dolor.

Y es que en estas vivencias cumbre los contrarios se disuelven: «¡Oh regalada llaga!», exclamaba San Juan de la Cruz, cómplice de la santa carmelita. Y añadía: «¿Quién pudiera, Señor, hacer dulzura en medio de lo amargo, y en el tormento sabor! ¡Oh, pues, regalada llaga! pues tanto más te regalan cuanto más crece tu herida».

Varios elementos del éxtasis de Santa Teresa son interesantes para la exploración de la emoción de la alegría. En primer lugar, se trata de una alegría plena e intensa, un gozo que proviene de sentirse unida con Dios, o, dicho con otras palabras, de sentirse en pura conexión con el universo. Quien experimenta esta vivencia luminosa tiene, según Bucke, una sensación de inmortalidad y conciencia de vida eterna, no como convicción de que se obtendrá, sino como conciencia plena de ya poseerla. Sentir que no somos un cuerpo mortal es sin duda fuente de alegría. En segundo lugar, la mística está «dejada» en la experiencia, esto es, está viviendo en plenitud el presente. Aquí la mente queda totalmente ajena a lo que acontece. Así es como hay que vivir la emoción de la alegría, sin que quede interrumpida por la mente y disfrutándola cada segundo. Lamentablemente, en numerosas ocasiones nos perdemos el presente por pensar mucho o se nos hace difícil disfrutar sin generar un apego, boicoteando la experiencia con el deseo de querer repetirla.

Bernini quiere que el espectador entre activamente en la obra y quede maravillado por el escenario –donde mezcla arquitectura, escultura y luz– y por un tema tan atractivo para la época como es el del éxtasis místico. No hay duda de que lo ha conseguido y gracias a su obra podemos tener un pequeño atisbo de lo que puede significar una alegría tan intensa.

Para reflexionar

¿He sentido en algún momento la alegre sensación de que el universo está bien ordenado y tiene como motor principal el amor?

¿Alguna vez he vivido una total conexión con otra persona, algún elemento de la naturaleza, una obra de arte...? ¿He experimentado alguna vivencia que está más allá de las palabras?

¿A veces me encuentro completamente absorbido/a en la actividad que estoy realizando, experimentando un puro presente: aquí y ahora? ¿Qué siento entonces?

¿Suelo apegarme a las cosas-personas-vivencias que me generan placer y alegría? ¿Me surgen continuamente pensamientos como «tengo que repetir esto» que limitan mi experiencia? ¿Boicoteo mentalmente mis momentos de gozo?

No somos seres humanos atravesando
una experiencia espiritual;
somos seres espirituales
viviendo una experiencia humana.

TEILHARD DE CHARDIN

Afirmaciones

- Todo lo que soy es bello y digno de ser amado.
- El amor fluye a través de mi.
- Me permito explorar y experimentar.
- Me rodeo de amor y alegría.
- Expreso mi identidad con libertad y alegría.
- Confío en mí mismo y en la vida.

- La vida es generosa.
- Soy merecedor/a de todo lo bueno que ocurre en mi vida.
- Soy consciente de los muchos motivos que tengo para dar gracias.
- Agradezco todo lo vivido.
- Me reconcilio con mi pasado.
- Merezco amar y ser amada/o.
- Estoy en conexión con todo el universo.
- Vivo en plenitud el presente.

Cuerpo

Vrksasana

El nombre de esta *asana*, *Vrks,* significa «árbol» y hace alusión no solo a la forma que se consigue sino también a la sensación que nos da esta postura: la pierna queda bien apoyada en el suelo con la firmeza y solidez de un tronco. Abdomen, pecho y columna se alinean para conseguir equilibrio, mientras que los brazos se estiran hacia arriba como si fueran las ramas de un árbol. Con esta *asana* trabajaremos el equilibrio y la mesura que, como vimos antes, es muy importante para que la emoción de la alegría no se convierta en una euforia desmedida que desatienda la realidad. Además, al convertirnos en árbol nos sentiremos conectados con el resto de la naturaleza, trabajando así la importancia de la conexión en la vivencia de la emoción de la alegría.

1. Comienza de pie, bien derecho y con los pies juntos. Mira hacia delante y fija la vista en un punto. Respira profundamente.

2. Trae tu peso sobre el pie izquierdo e intenta que todo él se apoye en el suelo. Busca el equilibrio mientras levantas el pie derecho. Dobla la pierna derecha y coloca la planta de este pie en el interior de su muslo izquierdo. Ayúdate de las manos si lo necesitas. Presiona el pie contra el muslo para poder estirarte hacia arriba.

3. Junta las palmas de las manos en posición de oración frente al pecho, tratando de mantener los hombros hacia abajo. Haz una respiración mientras evalúas si has alcanzado el equilibrio y puedes proseguir. Si todavía tambaleas sigue haciendo respiraciones en esta posición.

4. Ahora levanta los brazos por encima de la cabeza. Junta las palmas y estira bien los brazos. Mantén los hombros relajados y la mirada en el mismo punto fijo.

5. Aguanta unos 20 segundos, respirando profundamente y con una exhalación baja lentamente los brazos y la pierna. Repite el mismo ejercicio con la otra pierna.

**Variante en *Vrksasana*

La solidez que se busca en esta postura tiene que compensarse con flexibilidad para que nuestro árbol no sea como el roble, duro y fuerte pero que termina quebrándose en una tormenta, sino como el sauce, cuya flexibilidad le permite balancearse con el viento y sobrevivir la tormenta. En la siguiente variante vamos a trabajar esta flexibilidad.

1. Permaneciendo en *Vrksasana* y manteniendo la mirada en un punto fijo empieza a jugar con los brazos. Imagina que está soplando el viento y este empieza a mover las ramas de tu árbol. Mueve los brazos hacia adelante, hacia atrás, los dos a la izquierda, los dos a la derecha, haz pequeñas olas... lo que se te ocurra. Balancea tus brazos al ritmo del viento imaginado durante varios minutos.

2. Imagina ahora que el viento empieza a soplar más fuerte y una tormenta se avecina. Además de los brazos tienes ahora que mover el tronco (pecho, columna y abdomen). Juega con todas las posibilidades de movimiento sin perder el equilibrio. Si caes no te preocupes. Vuelve a subir la pierna y a seguir moviéndote al ritmo del viento fuerte.

3. La tormenta ha llegado y no te permite ver nada. Cierra los ojos y sigue moviendo brazos y tronco. Verás que es difícil mantener el equilibrio cuando ya no tienes un punto fijo al que mirar. Abre los ojos cuando pierdas el equilibrio pero en cuanto vuelvas a conseguirlo ciérralos otra vez. Siente que eres un sauce que te balanceas con el viento.

4. Poco a poco ve limitando tus movimientos. La tormenta ha cesado y llega la calma. Lentamente alinea tu tronco y vuelve a subir tus brazos como en la posición inicial. Mantente en *Vrksasana* un minuto respirando con suavidad. Cuando lo creas necesario baja la pierna al suelo y los brazos al pecho en forma de oración. Esboza una sonrisa: has logrado sobrevivir a la tormenta.

Padmasana

Padmasana significa «postura del loto» y es una *asana* ideal para la meditación y la contemplación. En esta postura otra vez nos vamos a convertir en un elemento de la naturaleza, en esta ocasión en un loto. Para la tradición yogui, el loto simboliza la purificación del espíritu y su camino hacia la iluminación. Y es que el loto nace del barro y poco a poco se va elevando a través del agua y saliendo de las sombras de la ignorancia. Finalmente la flor se abre a la luz del sol, símbolo de la autorrealización. Esta asana puede resultar difícil al principio, por lo que es recomendable ser muy paciente y pararse allí donde el cuerpo empiece a resentirse. Evita esta postura si tienes alguna lesión en la rodilla, el tobillo o la cadera. Recuerda que aunque no hagas la postura completa sigues recibiendo todos sus beneficios.

1. Empieza sentado/a en el suelo con la espalda erguida, los hombros hacia atrás y el pecho abierto hacia

delante. Estira las piernas hacia delante. Si necesitas estar más cómodo/a puedes sentarte encima de un cojín. Con esto conseguiremos elevar los isquiones, que las piernas queden más relajadas y que las rodillas estén en contacto con el suelo.

2. Flexiona cuidadosamente la pierna derecha y acércate el pie hacia ti ayudándote de ambas manos. Colócalo encima del muslo izquierdo. Mantén la planta del pie mirando hacia arriba mientras la otra pierna sigue estirada.

3. Dobla ahora la pierna izquierda y con las manos coloca el pie izquierdo debajo del muslo derecho. Apoya las manos sobre las rodillas y respira hondo. Estás ahora mismo en la postura de «medio loto».

4. Si sientes que esta postura es demandante no continúes al siguiente paso. Quédate en esta postura y haz varias respiraciones aguantando unos minutos. Es importante que la columna esté bien erguida para que el aire fluya sin obstrucciones.

5. Saca el pie izquierdo de debajo del muslo derecho y trata de colocarlo encima de él. Las dos plantas de los pies deben estar mirando hacia arriba. Siéntate muy erguido, apoyando bien en el suelo los isquiones.

6. Apoya las manos sobre las rodillas con las palmas mirando hacia arriba. Puedes también hacer un *mudra* como *shuni mudra* (que aprendes en este capítulo) o *gyan mudra* (este *mudra* que suele acompañar a *Padmasana* lo aprendiste en el capítulo de la rabia).

7. Trata de relajarte en esta postura y centrar tu atención en la respiración. Cuando estés listo para terminar, abandona la posición de loto muy despacio, extendiendo las piernas hacia delante con mucho cuidado.

Shuni mudra

Shuni mudra es usado por los yoguis para tomar conciencia del momento presente. Si uno está plenamente viviendo el presente no hay necesidades ni apegos y brota naturalmente una alegría pacífica. Este *mudra* también promueve la paciencia y el entendimiento. Se forma tocando la punta del dedo medio con la del pulgar. Los otros tres dedos quedan estirados.

Actividad 1

Kintsukuroi

La imperfección es belleza.

Marilyn Monroe

Hay un hermoso arte japonés que consiste en reparar objetos de cerámica rotos rellenando las grietas con oro. Y es que los practicantes de este arte llamado *Kintsukuroi*, que literalmente significa «reparar con oro», en vez de ocultar las fisuras optan por ensalzarlas, puesto que consideran que cuando algo ha sufrido un daño y tiene una historia se vuelve más hermoso y valioso. El resultado no es solo un objeto de gran belleza, sino que la reparación hace la pieza aún más fuerte. En este arte no existen los defectos sino posibilidades de que una obra se vuelva más bella y firme.

Estos sabios artistas japoneses nos dan a conocer la gran estrategia que supone no ocultar ni disimular las fragilidades o imperfecciones. Cuando uno acepta su historia, se vuelve tolerante con todas aquellas características suyas que no son perfectas y se esfuerza en recuperar todo aquello que a ojos de otro podría considerarse desechos utilizando nada más y nada menos que oro, que es como decir el material más preciado, o como decir amor, fortaleza, cariño, oración...; cuando uno acepta el reto de recoger las piezas rotas y volver a empezar, entonces el resultado se convierte en toda una obra de arte. Lo quebrado se vuelve hermoso y la muerte da paso a la vida. En esta actividad vamos a experimentar la alegría de la imperfección.

1er ejercicio. Kintsukuroi en papel

1. Cierra los ojos y piensa en una herida que tengas o algo que crees que ha sido quebrado en tu vida o en tu ser. Puede ser algo reciente o algo que ya llevas acarreando durante mucho tiempo; puede ser una herida cerrada y sanada o una herida todavía débil y sangrante; puede ser algo tuyo personal o algún vínculo lastimado.

2. Inspira hondo e imagina como una luz color oro que viene desde el cielo va recorriendo esa imagen. La luz oro le va dando brillo, sentido, fuerza y belleza a la

imagen. Quédate con los ojos cerrados, imaginando esto tanto tiempo como lo necesites hasta que veas la imagen completamente renovada. Las heridas no han desaparecido, pero ahora las ves llenas de luz.

3. Abre los ojos y disponte a dibujar lo visualizado. Haz un dibujo de aquello que representa lo lastimado o herido: un amor, una amistad, un ideal, un proyecto... Dibújalo meticulosamente a lápiz, luego repásalo con bolígrafo y finalmente coloréalo con lápices, rotuladores o acuarelas.

4. Cuando lo tengas terminado coge unas tijeras y córtalo en distintos pedazos.

5. Encima de una hoja de color dorado ve pegando uno a uno los pedazos rotos en su lugar correspondiente. Deja una pequeña ranura para que se vea el dorado del papel que está debajo. Si no tienes una hoja de color dorado también puedes colocarlo encima de un papel blanco. En este caso deja también un espacio y luego con un pincel colorea las ranuras de color oro. Es momento de ir recordando todo lo que aprendiste o estás aprendiendo con esta herida. Siente que vas llenándote de paz cada vez que los pedazos se van pegando y que el color dorado que aparece entre las grietas es símbolo de esa luz oro que momentos antes en tu visualización había ido sanando y fortaleciendo la herida.

6. Una vez que todos los pedazos hayan sido pegados en su sitio la obra está terminada. Observa su belleza y da gracias por esas heridas que han configurado tu historia. Siente la alegría de la imperfección, pues te ha dado la ocasión de ser más fuerte, de aprender y evolucionar; y de ser, por caminos insospechados, más hermosa/o.

2º ejercicio. Kintsukuroi con otros materiales

Puedes hacer el mismo ejercicio pero con otros materiales. Por ejemplo, puedes utilizar retales de telas y coserlos con hilo o lana de color amarillo–oro, o puedes coger una taza o un plato de cerámica y romperlo en distintos pedazos para luego pegarlos con pegamento y pintar las grietas de color oro. Usa aquello que más te apetezca y con lo que te sientas más cómodo. Recuerda que el objetivo no es dibujar algo bonito o artístico, sino que la obra creativa sea una vía de reflexión y expresión. Como venimos diciendo desde el principio, el arte aquí no es el fin sino el medio.

Actividad 2

Bailar

> *Hay un poco de locura en el baile que hace a todo el mundo mucho bien.*
>
> Edwin Denby

En varias ocasiones hemos visto lo importante que es movilizar la emoción en el cuerpo y liberar esa energía que ha sido creada con ella. Esto se siente evidente en las dos emociones de movimiento centrífugo que tenemos, la rabia y la alegría, puesto que ellas piden a gritos una descarga hacia fuera. En la rabia nos da por golpear o patalear, mientras que en la alegría todo el cuerpo cobra vida y nos da por saltar o por bailar. La alegría mueve al baile pero el baile también induce a la alegría. Comenta un bailarín: «Mientras bailo no puedo juzgar. No puedo odiar, no puedo separarme de la vida. Solo puedo estar alegre y entero. Es por ello que bailo» (Hans Bos).

1er ejercicio. Fluir con el ritmo

Mihály Csíkszentmihályi habla del estado de experiencia de flujo (*state of flow*) para describir un estado en que la persona se encuentra completamente absorta en la actividad que está realizando, experimentando un puro presente: aquí y ahora. Como la mente se unifica con la acción, el ego se aparta (dejando que el yo se expanda), las distracciones y los temores desaparecen y las metas se vuelven claras: «La concentración es tan intensa que no se puede prestar atención a pensar en cosas irrelevantes respecto a la actividad que se está realizando, o para preocuparse», comenta el psicólogo. En este primer ejercicio vamos a tratar de vivir esta experiencia de flujo de la que habla Csíkszentmihályi, donde todo nuestro ser quede absorto en el movimiento del baile, donde solo busquemos fluir con el ritmo de la música. La gran bailarina Martha Graham aconsejaba: «Lo importante es este momento en movimiento. Haz el momento importante, vital y digno de ser vivido. No dejes que se escape inadvertido y sin usar». Este es un gran consejo para el baile pero también para vivir la emoción de la alegría, que necesita vivirse con plenitud y disfrutar cada momento, sin apego ni exaltación.

1. Ponte ropa cómoda y que no te importe que pueda ensuciarse. Quítate cualquier cosa que pueda estorbarte: collares, cinturones, zapatos....

2. Busca un lugar con suficiente espacio para poder moverte. Puede ser un lugar exterior (un parque, jardín, playa...) o interior. Si estás en un cuarto aparta cualquier objeto que pueda entorpecer el movimiento (mesas, sillas, jarrones...) y procura que el aire no esté viciado. Ventila el lugar y limpia el suelo. También puedes colocar una alfombra.

3. Pon música. Para estos ejercicios te recomiendo Aria (Suite para orquestra N.º 3) de Johann Sebastian Bach. Esta música crea un estado de ánimo sereno y la puedes encontrar en Internet. Sin embargo, puedes elegir la música que prefieras siempre que no sea una música con letra para que no te limite la imaginación.

4. Cierra los ojos y déjate llevar por el ritmo. Pon toda tu atención en este preciso momento y en el movimiento mismo. Aquí no hay ningún propósito, no necesitas llegar a ningún lado, solo disfrutar de cada paso y cada movimiento.

2° ejercicio. Explorar movimientos

1. Ahora vamos a explorar distintos movimientos y formas en el baile. Vuelve a poner la misma canción y esta vez abre los ojos.

2. Juega con movimientos de rotación de las distintas partes del cuerpo: pies, manos, rodillas, caderas, cabeza, hombros... Procura no olvidarte de ninguna parte del cuerpo para que todo él quede incluido en el movimiento. Haz estos movimientos siguiendo el ritmo de la música, es decir, bailando. Recuerda que los movimientos de rotación se dan en todo el universo, desde los planetas girando alrededor del sol hasta las partículas de electrones y protones, que rodean el núcleo del átomo.

3. Explora ahora el movimiento en dos niveles distintos: el que estás ahora –de pie– y el suelo. Cambia a menudo entre estos dos niveles pero siempre intentando que la sucesión de un movimiento a otro y de un nivel a otro sea muy fluida. Recuerda que no importa si estás abajo o arriba, siempre puedes mantener el ritmo y seguir bailando.

4. Ahora explora los conceptos de contracción y expansión–relajación en tu cuerpo. Sin dejar de bailar haz movimientos donde el cuerpo se contraiga, es decir, se doble hacia adentro y donde el cuerpo se relaje, expandiéndose en el espacio. Recuerda que todo en la naturaleza tiene este doble movimiento de expansión y contracción, desde las olas del mar hasta los latidos de nuestro corazón, pasando por las emociones que tanto hemos estado trabajando: unas nos llevan hacia afuera (alegría y rabia) y otras nos repliegan hacia dentro (miedo y tristeza).

3er ejercicio. Volar

Martha Graham decía que nuestros brazos comienzan en la espalda porque una vez fueron alas. En este ejercicio vamos a imaginar que volvemos a ese momento originario donde podíamos volar.

1. Comienza con la postura de *balasana* que aprendiste en el capítulo de la tristeza. Cierra los ojos y haz aquí unas cuantas respiraciones. Cuando comience la música empieza a realizar pequeños movimientos sin abandonar la postura. Trata que los movimientos estén vinculados a la respiración.

2. Ve ampliando poco a poco los movimientos mientras sientes que te estás desperezando. Sal de la postura poco a poco y, desde los movimientos que te vaya pidiendo el cuerpo, siempre acompasados con el ritmo, ve irguiendo tu tronco. Si quieres puedes abrir aquí los ojos, mantenerlos cerrados o dejarlos entornados.

3. Mueve ahora lentamente los brazos como si fueran alas. Imagina que llevan mucho tiempo dormidas, por lo que tienen que despertar poco a poco. No apresures los movimientos. Vívelos.

4. Ponte poco a poco de pie y empieza a moverte por el espacio. Recuerda que tienes alas y que puedes ir a cualquier lugar en tu vuelo. Con cada inspiración alza tus alas y con cada exhalación bájalas. Siente que eres muy liviano, y que apenas hay resistencia al peso.

5. Cuando ya hayas volado libre y delicadamente por todos los lugares de tu imaginación regresa poco a poco al punto de partida. Pliega lentamente tus alas mientras vuelves a la postura de *balasana*. Quédate en ella todo el tiempo que necesites, sintiendo tu respiración, los latidos de tu corazón y la maravilla de tu vuelo.

Epílogo

En nuestra sociedad estamos acostumbrados a dar mucho valor al neocórtex, la parte del cerebro que se encarga de lo racional. Sin embargo, cada vez resulta más apremiante dedicar tiempo al cerebro límbico, donde se ubican las emociones, pues es el que más usamos y del que dependen la mayoría de decisiones que tomamos durante el día.

Dedicarle tiempo es descubrir que hay un sentido en este continuo fluir «hacia dentro» y «hacia fuera», en este doble movimiento que, como las olas del mar o los bombeos del corazón, nos lleva a expandirnos (con las emociones de la ira o la alegría) o a replegarnos (con las emociones de la tristeza o el miedo). En el fondo todas las emociones básicas nos están alimentando y recordándonos algo muy importante que a veces pasamos por alto: que estamos vivos.

Dedicar tiempo a las emociones es también abrir el regalo que cada emoción nos trae y revelar su por qué y su para qué. Las emociones nos dan mucha información sobre lo que nos está ocurriendo y lo que es relevante para nosotros en un momento concreto. Por tanto, y a pesar de que la sociedad se empeñe en estigmatizar ciertas emociones como la rabia o la tristeza, no existen emociones buenas o malas. Es cierto que algunas pueden ser dolorosas, pero siempre que no nos esforcemos por cambiarlas a toda costa y rápidamente sin escuchar lo que nos están queriendo decir, si las acogemos sin juzgarlas y con compasión, el aprendizaje y el crecimiento está asegurado. Recordemos el poema de Rumi: «Cada huésped que se aloja en nuestra casa interior trae consigo una bendición. Démosle pues a todas la bienvenida porque cada uno ha sido enviado/como un guía del más allá».

Como hemos repetido numerosas veces a lo largo de las páginas de este libro, todas las emociones tienen que ser reconocidas, escuchadas, aceptadas y movilizadas. Reprimir emociones y esconder día a día lo que nos sucede en nuestro campo emocional puede tener consecuencias devastadoras no solo para nuestra salud emocional sino también para nuestra salud física. Al contrario, si las movilizamos y dejamos fluir, las emociones no se quedarán estancadas y podrán transformarse en aprendizaje y amor.

Para gestionar las emociones hemos visto tres etapas. Un primer paso es reconocer la emoción, lo que, como vimos, no siempre es evidente. Hay que observar atentamente las sensaciones que la emoción nos produce en el nivel físico, las emociones que nos provoca en el nivel emocional y lo que nos decimos al sentir lo que sentimos en el nivel cognitivo. Entre todas las emociones posibles, en este libro nos hemos centrado en las cuatro emociones básicas: la alegría, que nos da una sensación de goce y plenitud; la tristeza, que nos da una sensación de decaimiento, desgana y vacío; la rabia, que nos da una sensación de frustración por algo que percibimos que es una ofensa o un obstáculo, y el miedo, que nos da una sensación de angustia ante un peligro, ya sea real o imaginario.

El siguiente paso es expresar la emoción. A lo largo del libro hemos ofrecido distintas maneras de explorar las emociones como la lectura de cuentos, preguntas de reflexión o la contemplación de obras de arte, que gracias a su lenguaje simbólico consiguen conectar de manera inmediata con el receptor y permitirle recorrer un camino que va de lo visible a lo invisible y de lo superficial a lo esencial. Ya sabemos que la emoción hay que expresarla con todo nuestro ser, cuerpo y mente incluidos, y por ello hemos expuesto algunas posturas de yoga que desbloquean tensiones físicas relacionadas con cada una de las emociones. En las actividades hemos abordado otras muchas técnicas como la escritura, que contribuye a objetivar, asimilar y dar un sentido a lo que nos pasa; la respiración como una utilísima herramienta práctica para gestionar las emociones; el *mindfulness,* que nos ayuda a centrar la atención en el momento presente sin enjuiciarlo; las afirmaciones positivas, que buscan modificar aquellas creencias que nos limitan y grabar en nuestro cerebro nuevos modelos; el baile, con el que podemos experimentar una «experiencia de flujo» (*state of flow*) en el que la mente se unifica con la acción, el ego se aparta y las distracciones y los temores desaparecen; o la expresión creativa artística, cuando pintamos *mandalas* o el *kintsukuroi,* donde el arte no es el fin sino el medio para reflexionar, expresar y comunicarse. Todas estas técnicas nos ayudan no solo a explorar las emociones sino también a desidentificarnos de ellas y observarlas como si fuéramos un testigo, sin juzgarlas ni reprimirlas. Para expresar la emoción no necesitas, ni mucho menos, realizar todas estas técnicas. A veces basta con hablar a un amigo o contarnos a nosotros mismos lo que nos pasa. Recuerda que cualquier técnica es buena si te sirve para gestionar la emoción.

El último paso es extraer un aprendizaje para poder despedir en paz la emoción. Esta ya ha bajado su intensidad y nos permite observar objetivamente lo que ha ocurrido y preguntarnos sobre el origen y la función de la emoción. En esta etapa de reflexión es importante convertirse en un observador neutral, evitando cualquier tipo de crítica o juicio. Más bien al contrario, es fundamental una actitud amorosa y comprensiva. Aprender de la emoción también puede convertirse en crear nuevas estrategias para manejarla en el futuro.

Esperamos que estas páginas te hayan ayudado a vivir las cuatro emociones básicas y a descubrir todas las oportunidades que estas encierran para tu crecimiento personal y espiritual. Si quieres compartir tus experiencias con las actividades, alguna reflexión surgida de los textos literarios y las obras de arte o mandarnos tus trabajos artísticos, puedes contactarnos en el email: abrazatusemociones@gmail.com

¡Feliz camino!